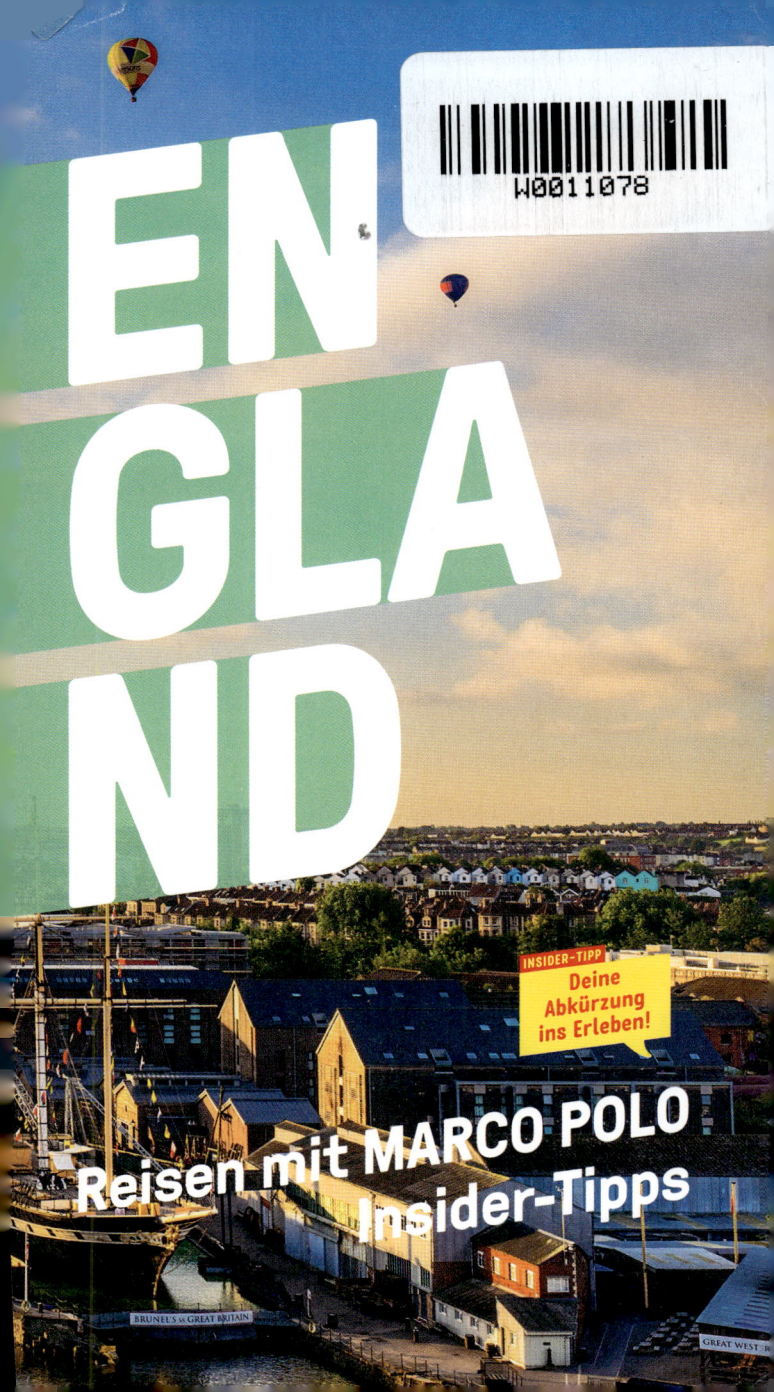

EN GLA ND

INSIDER-TIPP
Deine
Abkürzung
ins Erleben!

Reisen mit MARCO POLO
Insider-Tipps

MARCO POLO
TOP-HIGHLIGHTS

NEWCASTLE ⭐1
Diese Stadt ist Englands Feiermekka: Am alten Hafen kannst du das ganze Wochenende Party machen – und das tun auch viele Besucher aus dem ganzen Land.

➤ S. 60, Der Norden

LAKE DISTRICT ⭐2
Eine Landschaft wie gemalt: Hohe Berge und unzählige Seen machen diese Gegend ganz besonders (Foto).
📷 *Tipp: Vom Kirkstone Pass aus hast du bei klarem Wetter einen perfekten Blick über das Panorama – am besten mit einem Schaf im Vordergrund.*

➤ S. 64, Der Norden

CAMBRIDGE ⭐4
Oxford mag vielleicht die bekannteste Universitätsstadt Englands sein – aber Cambridge ist in vieler Hinsicht die charmantere.
📷 *Tipp: Die Bridge of Sighs, die englische Variante der Seufzerbrücke, fotografierst du idealerweise vom Ufer oder Wasser aus bei Sonnenuntergang mit einem Puntingboat davor.*

➤ S. 88, Der Osten

BIRMINGHAM-KANALFAHRT ⭐3
Ihr Aushängeschild ist das Kanalnetz – mit 60 km länger als das von Venedig. Auf den typischen schmalen Booten kannst du die Stadt vom Wasser aus erleben.

➤ S. 75, Der Westen

NORFOLK BROADS ⭐5
42 Seen und ein Labyrinth von Wasserwegen: Die idyllische Landschaft der Norfolk Broads entdeckst du am besten als Freizeitkapitän mit einem Boot.

➤ S. 96, Der Osten

STONEHENGE ⭐

Rätselhafte und faszinierende Steinblöcke, die vor 4000 Jahren hierher transportiert wurden

📷 *Tipp: Stonehenge ist derart überlaufen, dass man für ein gutes Foto zu den ersten oder letzten Besuchern des Tages gehören muss. Dann ist meist auch das Licht am schönsten.*

➤ S. 114, Der Süden

WARNER BROS. STUDIO TOUR ⭐

Hier wurde Harry Potter zum Leben erweckt und durch die gesamte Filmreihe gebracht. Heute kannst du durch die Originalkulissen wandeln, Butterbier trinken und Besen reiten.

📷 *Tipp: In den Kulissen der Winkelgasse wirkst du selbst wie Harry im Film.*

➤ S. 108, Der Süden

TATE MODERN ⭐

London besitzt das führende Museum für moderne Kunst im Land – in einem stillgelegten Kraftwerk an der Themse.

➤ S. 105, Der Süden

BATH ⭐

Der Adel beauftragte für seine Villen nur die besten Baumeister.

📷 *Tipp: Mit den Statuen im Vordergrund und der Kathedrale hinten wirken die römischen Bäder viel eindrucksvoller.*

➤ S. 112, Der Süden

ST. IVES ⭐

Prädikate wie „Badeparadies" und „attraktivste Stadt Cornwalls" reichen St. Ives offenbar nicht: Es präsentiert sich auch als „Künstlerkolonie mit jahrzehntelanger Tradition".

➤ S. 117, Der Süden

INHALT

DER NORDEN

DER WESTEN

DER OSTEN

DER SÜDEN

INHALT

🕑   Besuch planen

€–€€€ Preiskategorien

(*)   Kostenpflichtige
      Telefonnummer

🍴   Essen/Trinken

👜   Shoppen

🍸   Ausgehen

🏝   Top-Strände

(🗺 A2) Herausnehmbare Faltkarte
(🗺 a2) Zusatzkarte auf der Faltkarte
(0) Außerhalb des Faltkartenausschnitts

**BESSER PLANEN
MEHR ERLEBEN!**

**Digitale Extras
go.marcopolo.de/app/eng**

MARCO POLO

DIGITALE EXTRAS

DIGITAL NOCH MEHR ERLEBEN

Schneller in Urlaubslaune kommen.

Perfekt organisiert sein – vor, während und nach dem Urlaub.

Mit der MARCO POLO Touren-App und unseren digitalen Angeboten.

Noch mehr Trendziele, Inspiration und aktuelle Infos findest du auf **marcopolo.de**

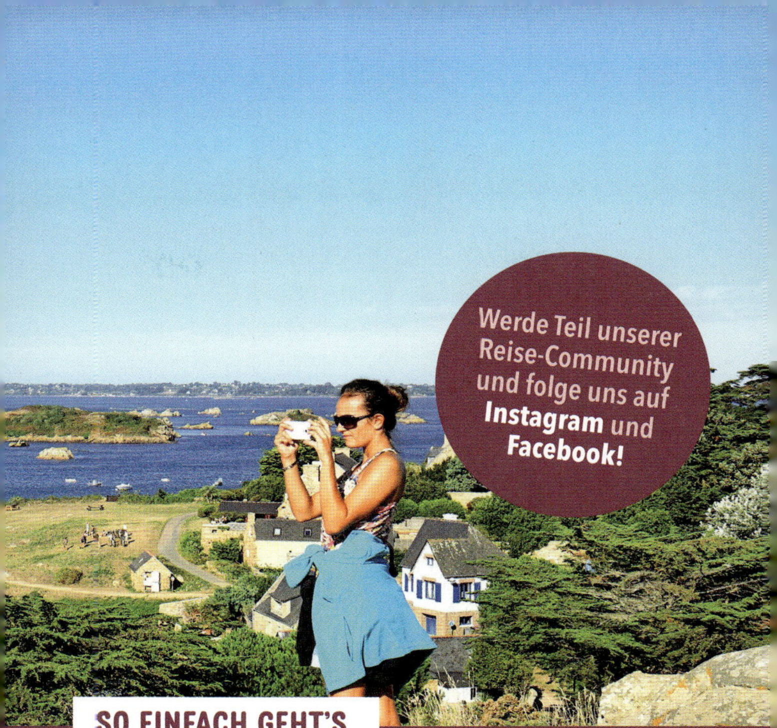

Werde Teil unserer Reise-Community und folge uns auf Instagram und Facebook!

SO EINFACH GEHT'S

1 Website besuchen

2 Die digitale Welt von MARCO POLO entdecken

3 App runterladen und ab in den Urlaub

Alle Infos zum digitalen Angebot unter **marcopolo.de/app**

DAS BESTE ZUERST

An Dorsets Jurassic Coast gibt's keine Dinos, aber kleine Buchten. Und Fossilien

BEST OF

BEI REGEN

SCHÖN, AUCH WENN ES REGNET

BRITISCHE GESCHICHTE

Es ist das Museum der Museen in England – und kaum an einem Tag zu schaffen. Das *British Museum* in London gibt Aufschluss über die kulturelle Geschichte einer ganzen Nation und ist gespickt mit beachtenswerten Ausstellungsstücken.
➤ S. 105, Der Süden

AB IN DEN BERG

Die *Wookey Hole Caves* in der Cheddar Gorge zählen zu den beeindruckendsten Höhlen Großbritanniens (Foto). Ideal bei Regen – denn von der Sonne hättest du hier unten ohnehin nichts.
➤ S. 117, Der Süden

TROPEN UNTER GLAS

Draußen Regen, innen Regenwald: Im *Eden Project* in Cornwall wird in einem Tropenwaldareal unter Kunststoffkuppeln die Nachhaltigkeit menschlichen Tuns anschaulich demonstriert.
➤ S. 119, Der Süden

GÜNSTIG EINKAUFEN

Nutz einen Regentag zum Einkaufen – und Sparen. An den großen Autobahnen und in der Nähe größerer Städte liegen Outlet-Malls, in denen Markenware zu reduzierten Preisen verkauft wird, u. a. die *Lowry Outlet Mall* in den Salford Quays in Manchester.
S. 49, Der Norden

WO VICTORIA RESIDIERTE

England ist reich an Burgen und Herrenhäusern. Ein besonders schönes und großes findest du auf der Isle of Wight: *Osborne House,* das Königin Victoria als Sommersitz diente.
➤ S. 111, Der Süden

KLETTERN IM KIRCHENSCHIFF

Das *Newcastle Climbing Centre* ist eines der größten Indoor-Kletterzentren in Nordengland – und noch dazu ein ganz besonderes: Du gehst in einer ehemaligen Kirche die Wände hoch.
➤ S. 61, Der Norden

BEST OF
LOW-BUDGET
FÜR DEN KLEINEN GELDBEUTEL

TRAINSPOTTING IM MUSEUM

Das *National Railway Museum* in York ist ein Paradies für Trainspotter: Mit mehr als 100 historischen Loks und vielen anderen Exponaten ist es das größte Museum seiner Art in England und kostet keinen Eintritt.

➤ S. 54, Der Norden

BRITISCHE SUPERMARKTGESCHICHTE

Marks & Spencer ist eine britische Kaufhausikone – wie alles begann, zeigt das *Firmenmuseum* in Leeds. Es ist ein Gratisblick in die Gesellschaftswandlung der vergangenen 100 Jahre.

➤ S. 53, Der Norden

KUNST IM FREIEN

Verbinde einen Spaziergang an der frischen Luft mit Werken bedeutender Künstler: Im *North Yorkshire Sculpture Park* stehen viel beachtete Plastiken. Und der Eintritt ist frei.

➤ S. 53, Der Norden

SPITZENCHORMUSIK

Der *Chor des King's College Cambridge* ist einer der besten im Land. Während des Semesters hast du fast täglich im Rahmen der Gottesdienste in der Collegekapelle Gelegenheit, ihm live und umsonst zu lauschen.

➤ S. 88, Der Osten

COLLEGELUFT SCHNUPPERN

Die meisten der altehrwürdigen Hochschulen im Land kannst du nur gegen Eintrittsgebühr besichtigen. Das *Trinity College* (Foto) in Cambridge öffnet immerhin seine Bibliothek kostenlos – und einen Teil des Geländes.

➤ S. 88, Der Osten

GRATISKONZERT IN BATH

Musikfestivals sind in der Regel ein kostspieliges Vergnügen. Aber oft sind einzelne Acts kostenlos, etwa das Eröffnungskonzert im Royal Victoria Park des *Bath International Music Festival.*

S. 135, Der Süden

BEST OF

MIT KINDERN

SPANNENDES FÜR GROSS & KLEIN

GUTES VON GESTERN
Unter Tage fahren, ins Eisenbahnzeitalter von einst eintauchen – oder einfach nur ein paar Süßigkeiten naschen: Das *Beamish Open Air Museum* südlich von Newcastle ist ein großer Spaß mit längst vergangenen Zeiten, in dem sich Eltern wie Kinder bestens unterhalten fühlen (Foto).
➤ S. 62, Der Norden

FERTIG ZUM ANSTOSS
Fußball ist existenzieller Lebensinhalt der Engländer – am besten erleben es Kinder wie Erwachsene direkt bei einer Stadiontour, unter anderem im legendären *Old Trafford,* dem Zuhause von *Manchester United,* wo du hinter die Kulissen blicken kannst.
➤ S. 48, Der Norden

THEMEN ÜBER THEMEN
Nicht weniger als zehn Themenländer bieten in der *Chessington World of Adventure* einen Riesenspaß. Insgesamt gibt es 40 Fahrattraktionen, dazu kommt ein Sealife Aquarium sowie ein Zoo.
➤ S. 107, Der Süden

NACHHALTIG SPASS HABEN
Bewilderwood ist Englands erster Themenpark, der nach Prinzipien der Umweltfreundlichkeit und Nachhaltigkeit gebaut wurde. In toller Natur führen Luftbrücken über Nadelwälder und das Norfolker Marschland bis hin zu Baumhäusern.
➤ S. 96, Der Osten

BAUKLÖTZE STAUNEN
Im riesigen *Legoland* bei Windsor dreht sich alles um die kleinen, bunten Bausteine. Es gibt einen Freizeitpark aus Bauklötzen, ein Miniland internationaler Sehenswürdigkeiten – und am Ende kannst du abtauchen im *Lego Reef,* in dem sogar die Fische nachgebaut sind.
➤ S. 108, Der Süden

BEST OF

TYPISCH

DAS ERLEBST DU NUR HIER

AUF EIN PINT IN DEN PUB

Egal ob du Bier magst oder nicht – was zählt, ist die Atmosphäre in einem echten englischen Pub. Wenn er dann noch einen Sommergarten mit Blick auf den Fluss hat wie *The Victoria Arms* vor den Toren Oxfords – um so besser.
➤ S. 82, Der Westen

KAHNFAHREN AUF STUDENTENART

Der liebste Zeitvertreib unter Studenten ist auch eine tolle Abwechslung für Besucher: Miet dir z. B. in Cambridge ein *Boot* und „punte" den Fluss entlang.
➤ S. 90, Der Osten

KÜSTENIMPRESSIONEN

Einer der schönsten Küstenabschnitte Englands sind die weißen *Klippen von Dover,* die für Fährreisende vom europäischen Festland oftmals der erste – und prägendste – Eindruck der Insel sind.
➤ S. 103, Der Süden

DIE HEIMAT DER FAB FOUR

England ist die Heimat unzähliger Popgruppen, die bekannteste und bedeutendste stammte aus Liverpool: The Beatles. Eine geführte *Tour* bringt dich zu allen Orten, die für die Fab Four von Bedeutung waren.
➤ S. 45, Der Norden

HAUPTKIRCHE DER ANGLIKANER

Die *Kathedrale in Canterbury* ist nicht nur Sitz der anglikanischen Kirche, sondern mit ihren einzigartigen Glasfenstern auch eines der schönsten Gotteshäuser im Land.
➤ S. 102, Der Süden

NEUES LEBEN IN ALTEN HÄFEN

Bristol war eine bedeutende Hafenstadt. Dann wurden die Schiffe so groß, dass sie nicht mehr in den Hafen einlaufen konnten. Inzwischen wurden die *Docks* restauriert und avancieren nun zur beliebten Kultur- und Partymeile.
➤ S. 115, Der Süden

SO TICKT ENGLAND

Die Household Cavalry trägt Rot, arbeitet zu Pferd und schützt die Queen

ENTDECKE ENGLAND

Sagenhafte Ausblicke und sanftes Schwingen machen die Millennium Bridge zum Erlebnisort

Willkommen im Land der Widersprüche. Es gibt kaum einen Teil der Welt, in dem Traditionen so eng neben den neuesten Trends bestehen wie in England. Wohin du blickst: Überall findest du Hinterlassenschaften aus den vergangenen Zeiten, vor allem alte Gebäude und Bräuche. Daneben? Hippe Mode, die jüngsten Food-Trends und jede Menge Musik.

DER TRENDSETTER EUROPAS

Musik ist so etwas wie der Puls einer ganzen Nation. Nicht nur die beste Popmusik der Welt stammt aus England, auch viele Orchester zählen zu den renommiertesten, die man finden kann. Kunst, Literatur, Film und Fernsehen – vieles, was wir heute Tag für Tag konsumieren hat seinen Ursprung in England. *Sherlock, Wer wird Millionär,* die *James-Bond*-Filme, *Kingsman* und etliches mehr. Die In-

43–61 n. Chr.
Die Römer erobern Britannien

450
Angelsachsen besiedeln England

1534
Heinrich VIII. gründet die anglikanische Staatskirche und wird deren Oberhaupt

1707
Schottland wird mit England vereinigt (*Act of Union*)

1714–1834
Das Haus Hannover gelangt unter Georg I. auf den britischen Thron

1769
Patentierung der Dampfmaschine, England wird erste Industrienation

sel ist, wenn man so will, der wohl wichtigste Trendsetter Europas. Das hat einen schönen Nebeneffekt: Manches wird dir bekannt vorkommen, weil du es schon im Film gesehen hast. Wenn du etwa wissen willst, wo Sherlock Holmes alias Benedict Cumberbatch in der Tür von 221B Baker Street verschwand, dann begib dich in die North Gower Street in London, wo diese Szenen gedreht wurden. *Speedy's Café* nebenan gibt es wirklich.

INSIDER-TIPP

Sherlock auf der Spur

WICHTIGSTER FINANZPLATZ

Die industrielle Revolution hatte auf der Insel ihren Ursprung: Hier verkehrte die erste Eisenbahn der Welt, hier ging die erste U-Bahn-Linie in Betrieb, Schiffe und Fahrzeuge wurden entwickelt – aber auch wichtige Wirtschaftstheorien: Die Werke des Ökonomen John Maynard Keynes gehören noch immer zur Grundausbildung in jedem Wirtschaftsstudium. Die Schornsteine der großen Fabriken suchst du heute allerdings überwiegend vergeblich. Dienstleistung, Tourismus und Banken halten nun das Land am Laufen. London ist einer der wichtigsten Finanzplätze der Welt.

DIE WIEDERENTDECKUNG DER KÜCHE

Engländer gehen nach wie vor gern in alte, rustikale Pubs – doch es entstehen am laufenden Band auch neue, moderne Restaurants. Sie sind es, die den lange als miserabel geltenden Ruf der britischen Küche retten konnten: Allein in London etwa gibt es heute rund 50 Sternerestaurants. Und in jedem noch so klei-

1800 Integration Irlands: Das Vereinigte Königreich von Großbritannien und Irland entsteht

1952 Krönung Elizabeths II.

1973 Beitritt zur EU

1997 Prinzessin Diana stirbt bei einem Autounfall in Paris

2016 Eine knappe Mehrheit der Briten stimmt für den Brexit; EU-Austritt zum 31. Januar 2020

2021 Der Brexit wird Realität. Großbritannien kappt zum 1. Januar seine Bindung an die EU – mitten in der Coronakrise

nen Ort findest du inzwischen mit Sicherheit einen Koch, dessen Rezepte an Menüs britischer Starköche wie Jamie Oliver oder Gordon Ramsey erinnern.

DAS WETTER

Dem englischen Wetter haftet ein ähnlich zweifelhafter Ruf an wie der Küche – aber auch dies zu Unrecht. Sicher, die Britischen Inseln sind kein Garant für 14 Tage durchgängigen Sonnenschein, genauso wenig, wie dies im übrigen West- und Mitteleuropa der Fall ist. Doch sicher ist: Das Wetter in England ist moderat. Es wird fast nie richtig kalt und nie richtig heiß.

DAS LAND DER MODERNE

Prestigeträchtige Neubauten zeigen die Modernität englischer Städte. In Newcastle wurden Teile des Tyne-Ufers umgestaltet, u. a. mit der kühnen Millennium Bridge und The Sage. Im Hafengebiet von Manchester entstand das Imperial War Museum North. In Birmingham wurde ein desolates Einkaufsviertel in der Stadtmitte erneuert und unter dem Beifall der Architekturkritiker eröffnet. Und auch im täglichen Leben wirkt vieles moderner. Spätestens seit der viel bejubelten Traumhochzeit von Prinz William und Kate Middleton 2011 ist auch das Königshaus angesagter denn je. Mit der Hochzeit von Prinz Harry und Meghan Markle wurde es zeitweise sogar zum Superstar – zumindest bis die beiden 2020 ankündigten, sich nach Nordamerika verziehen zu wollen.

DAS LAND DER GESCHICHTE

Dennoch ist die Geschichte des Landes allgegenwärtig. Vielerorts stößt du auf Spuren von Römern, Wikingern und Normannen. Im äußersten Norden Englands erstrecken sich die eindrucksvollen Überreste des größten römischen Monuments auf britischem Boden: des Hadrian's Wall. Gerade diese Geschichtsversessenheit führte wohl 2016 auch zum Brexit: Briten waren es als jahrhundertealte Kolonialmacht nie gewohnt, sich auf Augenhöhe mit anderen Nationen zu unterhalten. Ein paar Populisten genügten, um einem Volk vorzugaukeln, dass es noch eine Weltmacht sei.

DIE KRISE IN DER KRISE

Manchem wurde 2020 eher als gedacht vor Augen geführt, was der Brexit bedeutet: Mitten in den Verhandlungen mit Brüssel – nach dem offiziellen Austritt aus der EU – schlitterte Großbritannien in die Corona-Krise. Anders als der Rest der Welt aber setzte Premier Boris Johnson zunächst auf das Stichwort Herdenimmunität – möglichst viele sollten sich anstecken, damit das Land immun gegen das Virus würde. Schnell aber wurde klar: Das war ein Fehler. Johnson unternahm eilig eine Kehrtwende, als sich abzeichnete, dass das desolate staatliche Gesundheitssystem zu kollabieren drohte. Fast 75 000 Briten starben allein im Jahr 2020 an Covid-19 – damit nahm das Land einen unrühmlichen Spitzenplatz in Europa ein.

AUF EINEN BLICK

55,98 MIO.
Einwohner in England

Deutschland: 82,79 Mio.

39,9 JAHRE

alt ist der Engländer im Schnitt

Deutschland: 42,1 Jahre

122
Mobilfunkverträge je 100 Einwohner

Deutschland: 117

130.395 KM²

umfasst die Fläche Englands

Deutschland: 357.386 km²

PUBS IM VEREINIGTEN KÖNIGREICH
39.130

Stand 2019

DURCHSCHNITTS-TEMPERATUR AUF DER ISLE OF WIGHT IM DEZEMBER

9 °C

ANZAHL DER REGENTAGE IM JAHR IN LONDON

113

Hamburg: 195

33,3 KM

misst die geringste Entfernung zwischen England und dem Kontinent (zwischen Dover und dem französischen Calais)

382 MIO.

Zahl der jährlich in Großbritannien verkauften Fish-&-Chips-Portionen

BERÜHMTESTE PERSON
Sir Winston Churchill
(meinen die BBC-Zuschauer)

9 MIO. HUNDE

Deutschland: 9,4 Mio.

ENGLAND VERSTEHEN

EU-SKEPTISCH

Die großen Europäer wollten die Briten nie sein. Dass aber am 23. Juni 2016 plötzlich eine knappe Mehrheit von 52 Prozent für den Brexit, den Austritt aus der Europäischen Union, stimmte, schockierte große Teile der Nation dann doch. Dabei war bereits der vorangegangene Wahlkampf eine Warnung an die Demokratie. Ganz bewusst hatte das Lager der EU-Gegner über Monate falsche Zahlen und Behauptungen penetriert, bis auch die stets wahrheitssuchende BBC mit Aufklärungssendungen nicht mehr dagegen ankam. Es hatte sich bei vielen eingebrannt: Dieses Europa muss irgendwas Böses sein, was auch immer.

Paradoxerweise stimmten vor allem genau jene strukturschwachen Regionen für den Brexit, die gerade in den Jahrzehnten zuvor massiv vom EU-Fördergeld profitiert hatten – Cornwall, Devon und Kent etwa. Immerhin hat es 4,5 Jahre und zwei Premierminister gebraucht, um 2021 Europa wirklich den Rücken zu kehren – mitten in der Corona-Krise.

SPORTLICH

Pass besser auf, was du am Wochenende anziehst: Die falsche Farbe in der falschen Stadt kann leicht als falsche Vereinszugehörigkeit interpretiert werden. Zumindest nach dem fünften Pint. Wenn andere am Samstag zum Shoppen in die Innenstädte ziehen, treffen sich Fußballfans in den Pubs und Stadien, um ihrem Verein zu huldigen. Fußball ist in England nicht irgendein Sport, Fußball ist eine Religion. Schließlich wurden die Grundregeln hier erfunden. Premier-League-Spiele live im Stadion zu sehen ist allerdings nicht ganz einfach – die meisten Plätze sind an Dauerkartenbesitzer vergeben, nur wenige Karten gelangen in den freien Verkauf. Und es herrscht ein strenges Alkoholverbot in den Stadien.

Rugby ist mindestens ebenso populär wie Fußball, für Small Talk im Pub tust du gut daran, dich mit den Grundregeln vertraut zu machen. In feinen Restaurants dagegen können ein paar Vokabeln aus den Kricketregeln nicht schaden – vor allem die besser situierte Landbevölkerung begeistert sich für diesen Sport. Und wenn du einmal ein Match im berühmten Wimbledon sehen willst, musst du dich sehr früh um Karten kümmern. Das älteste Tennisturnier der Welt hat auch nach mehr als 140 Jahren absolut nichts an Popularität eingebüßt.

BRITISH

Bei den Engländern wollen manche eine Identitätskrise ausgemacht haben: Die meisten unterscheiden nicht, ob sie englisch oder britisch sind. Sie sind patriotische Briten, aber das spezifisch Englische ist schwer festzustellen. Anders bei den Schotten, die zwar seit 1707 mit England und Wales vereinigt sind – sich aber bis heute nicht als Briten fühlen. Zu groß ist ihre eige-

Auch Streetart-Protagonist Banksy macht den Brexit zum Thema – in Dovers Townwall Street

ne Identität und Geschichte. Die Begriffsverwirrung kommt Einwanderern aus früheren Kolonien in Asien und der Karibik wiederum zugute. Viele verstehen sich nicht als Engländer, können aber mit britisch etwas anfangen. Schotten und Waliser verfügen über Teilautonomie und eigene Parlamente – der Versuch der Schotten, 2014 in einem Referendum die vollständige Unabhängigkeit zu besiegeln, fand keine Mehrheit.

Das Parlament in Westminster repräsentiert alle Briten. Der Gedanke, für England ein eigenes Parlament ins Leben zu rufen, fand bisher wenig Unterstützung. Vor allem konservative Kreise empfinden große Vorliebe für ihr gemeinsames Vereinigtes Königreich. Dazu gehört übrigens auch Nordirland; daher der offizielle Staatsname: Vereinigtes Königreich von Großbritannien und Nordirland.

MODISCH

Landhausmode mit Barbourjacke und Fischgrätsakko? Das war gestern! Heute gibt es zig angesagte Modelabels, die zum Teil in aller Welt bekannt sind. Jack Wills aus Devon etwa ist mit klassischer Collegemode angetreten, um amerikanischen Firmen wie Abercrombie & Fitch und Gap Konkurrenz zu machen. Saltrock, gegründet in Cornwall, ist eine Surfermarke, die angesagten Teilen von Quicksilver oder Element ähnelt. Seasalt stammt ebenfalls aus Cornwall und kreiert moderne, sommerliche Damenkollektionen. International erfolgreich ist längst Superdry – die Marke, die durch ihre Schriftzeichen japanisch wirkt, aber urbritisch ist.

Keine Tickets für den Centre Court ergattet? Wimbledon bietet auch geselliges Public Viewing

ANACHRONISTISCH

Die Geschichte Harry Hallowes' zeigt, wie speziell die britische Gesetzgebung in mancher Hinsicht ist: Der obdachlose Ire lebte fast 20 Jahre unbehelligt auf einem verlassenen Grundstück im edlen Londoner Stadtteil Hampstead – und erlangte dadurch Besitzanspruch auf eben jenen Grund und Boden. Der Fall wurde inzwischen verfilmt, doch er offenbart nur eines von zig skurrilen Gesetzen des Lands: Es ist beispielsweise offiziell verboten, eine Nuklearbombe zu zünden. Grundsätzlich dürfen keine Kanonen auf Wohnhäuser abgefeuert werden. Und ein weiteres Gesetz verbietet es tatsächlich, in einem Pub betrunken zu sein. Historisch lässt sich das Sammelsurium mitunter antiquierter Paragrafen leicht erklären: Großbritannien ist bis heute ein Land ohne Verfassung. Die Gesetzgebung fußt nach wie vor auf der Magna Charta von 1215, die im Lauf der Jahrhunderte immer wieder durch Gesetze ergänzt und modifiziert wurde.

GESPRÄCHSSTOFF

„Wenn sich zwei Engländer treffen, reden sie als Erstes über das Wetter", stellte schon vor über 200 Jahren der Schriftsteller Samuel Johnson fest. Die Unbeständigkeit des Wetters auf der Insel bietet Gesprächsstoff, der unverfänglich ist und dennoch einen ersten menschlichen Kontakt herstellt. Das Wetter wird aber auch allzu gern als Vorwand für alle möglichen Unzulänglichkeiten benutzt. So kommen die Züge zu spät, weil das Laub im Herbst, Schnee im Winter oder Regen im Frühling gefallen ist. Während das Wetter sich aufgrund der Insellage ständig ändert, ist das Klima eher beständig angenehm. Es ist selten richtig heiß, es wird aber auch nicht richtig kalt. Wenn im Sommer doch mal die Temperatur an die 30 Grad reicht, berichtet die BBC in Sondersendungen darüber. Und es regnet bei Weitem nicht so viel wie allgemein angenommen. Zwar tröpfelt es immer mal wieder, aber die Gesamtniederschlagsmenge etwa im Londoner Raum ist geringer als die in Mailand.

TRADITIONSBEWUSST

Die Traditionsvernarrtheit der Engländer zeigt sich am deutlichsten in der Kneipe: Hier wird anders als im Rest Europas das Bier nach wie vor im *pint* gezapft, einem 0,568 l umfassenden Glas. Aber das ist erst der Anfang: Wenn du einen Mietwagen nimmst, zeigt der Tacho die Geschwindigkeit in Meilen pro Stunde (mph) an, entsprechend werden Entfernungen im Vereinigten Königreich nicht in Metern gemessen, sondern in Fuß, Yards, Meilen. Immerhin beim Benzin gilt der Liter als Einheit, nicht mehr die Gallone.

Dafür fahren Autos auf der Insel nach wie vor auf der linken Seite der Straße, die Lenkräder sind dementsprechend auf der rechten Seite des Fahrzeugs angebracht, und – gewöhnungsbedürftig für einen Kontinentaleuropäer – man schaltet zwangsläufig mit links. Aber keine Sorge: Bei den Pedalen ist nichts vertauscht. Im Grunde gilt eine ähnliche (ungeschriebene) Regel auch für Fußgänger: Man weicht sich gewöhnlich links aus. Der Linksverkehr ist übrigens keine britische Eigenbrödelei: Schon die Römer sollen sich auf diese Weise begegnet sein (natürlich ohne Auto), und dementsprechend

KLISCHEE KISTE

VON WEGEN KOMASAUFEN

Die Bilder vom *Binge Drinking,* Komasaufen, in Großstädten haften an England wie der Ballermann an Deutschland. Der Eindruck: Engländer trinken, was das Zeug hält. In der Tat ist es so, dass das Pint Bier nach der Arbeit für viele nicht nur zum Wochenausklang gehört. Doch: Gemessen am Pro-Kopf-Verbrauch von Bier liegt Großbritannien im europäischen Vergleich mit 73 l pro Jahr weit hinten. Tschechien führt die Rangliste mit 141 l unangefochten an, dahinter liegen Österreich (107 l) und Deutschland (102 l). Die *Binge Drinker* sind in der Minderzahl – du findest sie bei Junggesellenabschieden und im Urlaub. So, wie es bei vielen anderen Nationen auch der Fall ist.

KLEIDER MACHEN KEINE LEUTE

Du kennst Engländer aus Filmen, stets akkurat gekleidet in Nadelstreifenanzug, womöglich mit Schirm, Charme und Melone? Vergiss es! Es mag sein, dass du in der City of London, dem Bankenbezirk, wochentags einige wenige Vertreter dieser Spezies sichtest – nicht zuletzt gilt die Londoner Savile Row bis heute als Hauptstraße der Herrenschneider. Doch im Alltag ist der Engländer sehr leger unterwegs – alte Jeans, Hoodie, Sneaker, Cap, es gibt meist wenig Kleidungskonventionen, jeder wird so akzeptiert, wie er ist.

Ja, wo fliegen sie denn? Die Royals bei der jährlichen Militärparade „Trooping the Colour"

war diese Regelung über Jahrhunderte in Europa allgemein üblich. Erst Napoleon setzte auf dem Kontinent nach und nach den Rechtsverkehr durch. Und bis nach England hat er es bekanntlich nie geschafft.

KÖNIGLICH

Prinz Philip, verstorbener Ehemann von Queen Elizabeth II., galt jahrzehntelang als der Nation größter Strippenzieher: Fast überall, wo er auftauchte, musste er an einem Band ziehen, um eine Messingplakette zu enthüllen, mit der der royale Besuch für die Ewigkeit festgehalten wurde. Das Vereinigte Königreich ist zugepflastert mit solchen Plaketten, was etwas über die Bedeutung der Monarchie heute aussagt: Sie lebt – mehr denn je. Und dass diese anachronistische Tradition überdauert, hat sie vermutlich ihrem fortwährenden Wandel zu verdanken,

ohne ihre Wurzeln dabei zu vergessen. Politisch gesehen hält de facto der Premierminister das Zepter in der Hand – doch England ist nach wie vor eine Monarchie, wenn auch in konstitutioneller Form. Die Königin oder der König ist Staatsoberhaupt, übt die Hoheitsrechte aber nur noch gemäß der Vorgaben von Parlament und Regierung aus. Vielleicht lieben die Briten vor allem deswegen ihr Königshaus so sehr: Es strahlt auch in schlechten Zeiten eine Menge Glamour aus, aber politisch kann es nichts mehr kaputtmachen. Dafür sorgt im Zweifelsfall das frei gewählte Unterhaus. Umso größer war der Aufschrei, als Prinz Harry und seine Frau Meghan Anfang 2020 bekanntgaben, sich de facto aus dem königlichen Alltag verabschieden zu wollen – sie verzichten seitdem auf den Zusatz „königliche Hoheit", schlossen ihren royalen Instagram-

Account und verbringen künftig ihre Zeit überwiegend in den USA und Kanada. Die Queen, wie sollte es anders sein, war not amused – aber ihr Volk auch nicht. Harry hatte sich seit seinen Eskapaden als Jugendlicher zu einem der Stars der Windsors gemausert.

WETTEN

Lottospielen gilt in England eher als etwas für Anfänger. Hier wird gewettet, nicht auf Zahlen, sondern auf ganz andere Dinge: im Grunde alles. Das erste Tor der Saison, der Geburtstag des nächsten königlichen Nachwuchses, der Tag des ersten Schneefalls und auf die ständig stattfindenden Pferde- und Hunderennen ohnehin. Es gibt kaum einen Anlass, auf den du in einem Wettbüro nicht einen Einsatz tätigen könntest. Und ein Wettbüro findet sich fast in jeder Stadt. Die Einsätze können niedrig sein, der Erlös hoch. Viel wahrscheinlicher ist allerdings, dass Letzterer gleich null ist. Denn am Ende gewinnt vor allem einer: der Wettanbieter.

MUSIKALISCH

Vergiss alles, was du über die Reserviertheit der Briten gehört hast. Bei der „Last Night of the Proms" lässt es das Land einmal im Jahr krachen. Seit mehr als hundert Jahren beschließt dieses klassische Konzert in der Londoner Royal Albert Hall eine sommerliche Musikreihe, bei der erstklassige Künstler und Orchester für einen Spotteintrittspreis spielen. Am letzten Abend schwenken die Besucher Fahnen, singen mit und jubeln im Takt. So erfolgreich, dass die BBC das Konzert inzwischen für mehrere Zehntausend

weitere Gäste nebenan in den Hyde Park überträgt und zu weiteren Open-Air-Veranstaltungen im ganzen Vereinigten Königreich. Der Hang der Engländer zu guter Musik hat eine lange Tradition: In jeder Kathedrale triffst du auf excellente Chöre, deren Proben du kostenlos verfolgen kannst. Außerdem wird fast überall um 17 Uhr ein *choral even song* gefeiert, ein Gottesdienst mit Chormusik – großartig u. a. in Canterbury, Salisbury und Gloucester. Großereignisse sind auch die Klassikfestivals in Cheltenham, York und der Opernmarathon in Glyndebourne.

CHEERS

Die kürzeste Unterhaltung zweier Engländer: „Pub?" „Pub." Das Pub ist neben der Monarchie die wohl bekannteste britische Institution. Der sonst eher reservierte Engländer kommt ins Schwärmen, wenn er von seiner Kneipe erzählt. In den Städten findet man noch Pubs mit herrlicher Inneneinrichtung aus dem 19. Jh., aber oft sind es die ländlichen Gaststätten mit Reetdach und niedrigen Balken, mit Kaminfeuer im Winter und einem Biergarten im Sommer, die zu einem langen Aufenthalt verführen. Die Qualität der Küche in englischen Kneipen hat sich übrigens spürbar verbessert. Heute kannst du vielerorts exzellent essen – auf dem Land aber oftmals nur tagsüber.

Mit Einschränkungen der Öffnungszeiten ist es seit 2005 vorbei. Jeder Pub darf seitdem eine Lizenz für den Ausschank nach der Sperrzeit um 23 Uhr beantragen.

ESSEN
SHOPPEN
SPORT

Unwiderstehlich: die netten kleinen Läden in vielen alten Stadtkernen Englands

ESSEN & TRINKEN

LEIBSPEISE CURRY

Als es Napoleon nicht gelang, die Insel einzunehmen, bezeichnete er die Briten verächtlich als eine „Nation von Ladenbesitzern". Würde der Imperator heute vorbeischauen, käme er möglicherweise zu dem Schluss, dass die Briten ein Volk von Curryhausbesitzern sind. Nach dem Zweiten Weltkrieg kamen viele Inder als willkommene Arbeitskräfte ins Land. Dort fanden sie eine Gewürzwüste vor und importierten kurzerhand ihre heimischen Zutaten. Inzwischen ist die Insel „bekehrt". Nicht *fish & chips*, sondern *curry* bezeichnen viele Engländer als ihr Lieblingsgericht: *chicken tikka masala* (Huhn in scharfer Sauce) – die Nummer eins unter den Currys –, gefolgt von dem milderen *korma* (mit Kokos) und dem extrascharfen *vindaloo*. Trotzdem sind natürlich *fish & chips*, also paniertes Fischfilet mit Pommes, sehr beliebt, vor allem im Norden Englands, wo sich unter der Panade meist Schellfisch verbirgt. Das Angebot an Meeresfrüchten und Fisch ist riesig. Räucherfisch, Austern aus heimischen Gewässern, Hummer und Krebsfleisch genießt du am besten in Küstennähe.

PASTETEN UNTER TAGE

Eine sehr englische, genauer kornische Spezialität ist *Cornish pasty*. Es heißt, dass Bergarbeiter die gefüllte Blätterteigpastete als Mittagessen in das Bergwerk mitnahmen, doch lediglich die Füllung aßen und den Teigmantel als Dank für die Zwerge unter Tage liegen ließen. Früher wurde vor allem roher Fisch eingebacken, heute werden über 20 verschiedene Variationen verkauft, meistens ist Fleisch mit Kartoffeln und Gemüse drin. Auch wenn die britische Küche früher nicht ganz zu Unrecht einen miserablen Ruf hatte, die Desserts waren

Was die Engländer am liebsten essen? Fish & Chips (li.) und indische Currys (re.)

schon immer Weltklasse – nicht zuletzt wegen der *puddings*. Die haben nichts mit dem deutschen Pudding zu tun, sondern *pudding* ist eher Sammelbegriff für auflaufähnliche Nachspeisen.

DIE NEUERFINDUNG DER ENGLISCHEN KÜCHE

Ansonsten vergiss besser ganz schnell, was bis heute in Europa über die englische Küche gelästert wird. Junge Starköche haben sich auf der Welt umgesehen und die feinsten Zubereitungen mit den besten (weil lokalen) Produkten im ganzen Land etabliert. Selbst in Pubs und Kettenrestaurants kannst du heute vielerorts annehmbar essen. Wer ein bisschen mehr ausgibt, kann eine feine Küche erleben, die der französischen oft in nichts mehr nachsteht.

Kulinarisch verwöhnt wirst du nicht nur in London, sondern auch in Manchester, Liverpool oder sogar in kleinen Orten wie Padstow in Cornwall, wo Fernsehkochlegende Rick Stein gleich mehrere Restaurants betreibt – eines besser als das andere. Es lohnt sich, selbst für seinen Fish-&-Chip-Shop im Ort vorbeizuschauen.

INSIDER-TIPP
Dieses Essen ist filmreif

Gut und authentisch ist die ethnische Küche dort, wo Einwanderer leben, d.h. vor allem in den Großstädten. Alle Länder sind in England vertreten – von Afghanistan bis Vietnam. Egal für welche Länderküche du dich entscheidest, frühzeitiges Planen hilft: Obwohl es allein in London 8000 Restaurants geben soll, solltest du den Tisch für den Abend unbedingt reservieren; immer mehr Restaurants bieten inzwischen auch eine Onlinebuchung an. Zudem sind die Öffnungszeiten sehr individuell. Es ist insofern ratsam, vorher anzurufen. Viele der besseren Lokale haben sonntags und montags

Nicht zu unterschätzen: Englischer Cider kommt alkoholmäßig ans Helle heran

heute in *pints* (0,568 l) ausgeschenkt, wobei sich diese Angabe meist auf das Fassungsvermögen des Glases bezieht. Was bedeutet, dass die Gläser auch bis zum Rand vollgeschenkt werden – man bezahlt schließlich für ein Pint. Wem das zu viel ist, der bestellt ein halbes Pint (*half* oder *glas*). Bier wird unterschieden in *lager* (Helles) und *bitter* (Dunkles). Ein stärkeres Dunkelbier heißt *stout* – unter dem Markennamen „Guinness" kennt es die halbe Welt. Immer populärer: Craftbiere – ein Pale Ale, IPA oder ein modernes Lager auf Basis amerikanischen Citrahopfens bekommst du inzwischen in fast jeder Kneipe.

Besonders im Süden wichtig: *Cider*. Diese Art Apfelwein stammt vor allem aus Somerset. Pubs haben in der Regel mindestens eine Sorte vom Fass, im Südwesten Englands sind es oft zwei, drei oder mehr. Cider beinhaltet im Unterschied zum französischen Cidre mehr Alkohol, meist um die fünf Prozent.

geschlossen. Außerhalb der Großstädte stellen Gaststätten vor allem sonntags oft überraschend früh die Stühle hoch. Man sollte sich bis 20 Uhr einen Tisch gesichert haben. Mittags werden oft nach 14 Uhr keine Bestellungen mehr angenommen.

ESSEN & SPAREN

Die Restaurantpreise sind relativ hoch. Es gibt jedoch Möglichkeiten, die Rechnung niedriger zu halten: Üblicherweise ist es mittags günstiger als abends. Einige Pubs bieten den ganzen Tag preiswerte Kombigerichte an – zum Hauptgang kommt dann ein Pint Bier oder das Glas Wein gratis.

In Pubs wird, anders als in Restaurants, kein Trinkgeld gegeben. Der Gast holt sich alles am Tresen. Dort findet sich eine weitere Tradition: Bier wird bis

WEIN AUS ENGLAND

Mittlerweile pflanzen selbst die Royals Rebstöcke im Park von Windsor an. Bislang entsteht daraus ein viel beachteter Schaumwein. Andere sind schon weiter: so wie Camel Valley. Mit seinen Rot-, Weiß- und Schaumweinen hat das Weingut in Cornwall schon einen Haufen alteingesessener Konkurrenten aus Frankreich, Spanien und Kalifornien abgehängt. In den Surrey Hills wachsen die Trauben des Denbies Guts. An immer mehr Stellen im Land versuchen sich Weinbauern. Viele Güter du auch besichtigen – und vor Ort testen.

Unsere Empfehlung heute

Vorspeisen

LEEK AND POTATO SOUP
Sämige Lauch-Kartoffel-Suppe, mit Brot serviert

OYSTERS
Frische Austern mit Zitrone

SCALLOPS
Gebratene Jakobsmuscheln, oft mit einer Chilisoße serviert

Hauptgerichte

SUNDAY ROAST
Roastbeef, Huhn, Schwein oder Lamm, serviert mit Yorkshire pudding (Teigpasteten), Kartoffeln und Gemüse

SHEPHERD'S PIE
Lammhack in Sauce und mit Kartoffelbrei überbacken

SALMON FILLET
Lachsfilet, zumeist serviert mit Drillingen, Gemüse und einer Béchamelsoße

Desserts

BREAD AND BUTTER PUDDING
Eingeweichtes Brot, das mit Vanillepudding und Rosinen vermischt gebacken wird

APPLE CRUMBLE
Apfelkompott mit Streuseln belegt und im Ofen gebacken, mit custard (Vanillesauce) serviert

SUMMER PUDDING
Schüssel mit in Saft getränktem Brot, darauf Beeren und Sahne

Snacks

JACKET POTATO
Ofenkartoffel, gefüllt mit geriebenem Cheddar, Thunfisch oder Cole Slaw (Krautsalat)

CORNISH PASTY
Gebackene Teigtaschen, gefüllt mit kleingeschnittenem Fleisch und Gemüse in einer Soße

SAUSAGE ROLLS
Ein Würstchen im Blätterteig gebacken

SHOPPEN & STÖBERN

GUTES VON GESTERN

England ist voll mit alten Gebäuden, dementsprechend viele Antiquitäten gibt es auch. Gute Gegenden sind vor allem Kleinstädte, unter anderem *Honiton* in Devon gilt als Antiquitätenmekka. Möbel wirst du kaum mitnehmen können, aber für Silberwaren, Besteck und andere Kleinteile lohnt ein Besuch. Und auch das Porzellan der berühmten Manufakturen Doulton, Spode oder Wedgwood gibt es zuhauf.

Bei vielen beliebt sind auch alte Werbeschilder, Aschenbecher oder Spiegel, oft mit Aufdruck von Biermarken oder längst vergessenen Automobilherstellern.

GRÜN IST DIE HOFFNUNG

Engländer lieben ihre Gärten. Entsprechend gut ist das Angebot an Produkten rund um den Garten in den vielen *garden centres,* die du meist auf dem Land findest, oft mit integrierten Cafés. Eine große Auswahl bieten meist auch die Shops der National-Trust-Anwesen – aber Vorsicht: In die EU darfst du Pflanzen nicht einführen oder teilweise nur mit einem offiziellen Pflanzenschutzzeugnis.

FÜR DEN MAGEN

Besonders stolz sind die Engländer auf ihre Käsekultur – doch auch den darfst du seit dem Brexit nicht mehr in die EU einführen. Was bleibt sind andere Lebensmittel. Shortbread, Butterkeks, ist der Klassiker, der jede heimische Teestunde aufpeppt. Den passenden Tee findest du in einem der speziellen Geschäfte – meist in Innenstädten und Einkaufszentren –, etwa Whittard, Bird & Blend oder die East India Company. Auch gut: Englisches Weingummi, das tatsächlich oft weicher ist als daheim, außerdem englische Marmelade und Honig.

Was Engländer gern einkaufen? Heimischen Cheddar (li.) und Second-Hand-Mode (re.)

SCHÖNER BADEN

Namen wie *Crabtree & Evelyn* stehen für Badesalze, Lavendelseifen und Potpourris, *Lush* aus Poole ist inzwischen international ebenso bekannt wie der *Body Shop* mit Naturkosmetikprodukten. Edel sind die Kreationen der traditionellen britischen Firma *Molton Brown,* die allerdings inzwischen zu einem japanischen Konzern gehört. Immer öfter findet man kleine Hersteller mit Ständen auf Märkten wie dem in Greenwich.

ENGLAND IST ANZIEHEND

Bei Mode denkt nicht unbedingt jeder sofort an England – doch hier sind viele der klassischen Hersteller zu Haus. Und es gibt nicht einen berühmten Designer, der nicht in der Londoner Sloane Street, Bond Street oder in der immer begehrteren Conduit Street vertreten ist. Anzüge kommen traditionell aus der Savile Row in London, Hemden aus der Jermyn Street.

Aber auch wer nicht über das Kleingeld für bekannte Label verfügt, wird hier modisch mithalten können. Secondhandshops für Designerwaren und die Basare in London (Camden und Bermondsey Market), die Lanes in Brighton, die Märkte in Bath und Chipping Norton in den Cotswolds sind in dieser Hinsicht überaus ergiebig.

Ausgefallene Mode für Junge und Mutige ist in den Großstädten zu finden, beispielsweise im Northern Quarter von Manchester und um Spitalfields Market und Brick Lane im Osten von London.

Noch nie aus der Mode waren die wetterfesten Barbourjacken. Britische Modelabels wie *Jack Wills, Superdry* und *All Saints* sind bei den Youngsters beliebt.

SPORT

Sport ist in England Thema Nummer eins – nicht nur im Pub, wo es oft die ganze Woche um Fußball und Rugby geht, sondern auch im Alltag.

ANGELN

Die englische Anglervereinigung ist die größte Sportorganisation des Landes. Wer im Meer angeln will, braucht keine Zulassung. Für Flüsse und Seen must du dir bei der lokalen Behörde, meistens ist es die örtliche Post, eine *rod licence* besorgen. Inzwischen kann man sie auch digital auf *gov.uk/fishing-licences* ordern. Eine Tageskarte kostet £ 6, eine Wochenkarte £ 12. Für Lachse und Meeresforellen liegen die Preise höher. Wer ohne erwischt wird, dem drohen Strafen bis zu £ 2500. Der Fluss Wye an der Grenze zu Wales ist das beste Gebiet für Lachse. Wer hier die Angel auswirft, hat ziemlich sicher Erfolg. Forellenfi-

INSIDER-TIPP
Fisch gibt's

schen im Fluss Test, nördlich von Southampton, ist ebenfalls zu empfehlen. *Angling Foundation | Tel. 0333 5 77 99 70 | anglingtrust.net*

COASTEERING

Eine Trendsportart, die wie ein Versehen wirkt: eine Mischung aus Klettern, Klippenspringen und Schwimmen. Man klettert im Neoprenanzug mit Helm und Schwimmweste an den Küsten entlang und springt an geeigneten Stellen ins Meer. Ursprünglich in den Achtzigerjahren in Wales entstanden, hat sich dieser Zeitvertreib inzwischen auf der ganzen Insel durchgesetzt – vor allem in Cornwall. Wer es ausprobieren möchte, tut allerdings gut daran, diesem Sport nur in organisierten Gruppen nachzugehen, da er nicht ganz ungefährlich ist. Ein zweistündiger Trip kostet ab £ 25. *Tel. 01637 83 12 06 | britishcoasteering federation.co.uk*

Wandern im Lake District – eine der schönsten Beschäftigungen im Englandurlaub

GOLF

Golfen ist in England vielerorts ein Massensport und überhaupt nicht versnobt. Die Auswahl an Plätzen ist riesengroß: Auf öffentlichen Plätzen kostet eine Runde Golf pro Person ab £ 15 (golf.co.uk).

Immer beliebter werden die Spaßvarianten: Vor allem in Seebädern findest du in der Regel Minigolfanlagen, im ganzen Land gibt es *Foot-Golf*-Plätze (ukfootgolf.com). Bei dieser in Deutschland „Soccergolf" genannten Variante nutzt du statt Schläger und Golfball deinen Fuß und einen Fußball, um die Löcher zu bewältigen. Wem das noch nicht genug Spaß bringt: Unter dem Begriff *crazy golf* fassen die Engländer ungewöhnliche Kombinationen von Golf und zumeist Party zusammen. *Plonk (plonkgolf. co.uk)* bietet diese Variante in London an. *Ghetto Golf (ghettogolf.co.uk)* vereint Golfspielen und Alkohol – du feierst an der Bar, isst Streetfood und machst ab und zu ein paar Abschläge in einer Halle – in Liverpool, Newcastle und Birmingham.

RADFAHREN

Viele Jahre galt die Insel als nicht besonders fahrradfreundlich. Das hat sich inzwischen geändert. Das *National Cycle Network* umfasst jetzt rund 23 000 km an Fahrradwegen. So kann das Land von Küste zu Küste von West nach Ost auf der *Sea to Sea Cycle Route* (379 km, blaue Schilder C2C) sicher durchradelt werden. Wer nicht gern über Hügel fährt, wählt die landschaftlich und geschichtlich reizvolle Strecke durch das Themsetal (155 km) von London nach Oxford. Eine gute Radstrecke ist auch der Weg zwischen Harwich und Hull (500 km, Route 1 | sustrans.org.uk).

Wer sein eigenes Rad nicht mitnehmen möchte, kann sich in jedem halbwegs größeren Ort eines mieten. Reiseveranstalter wie *Compass Holidays (Tel. 01242 250642 | compass-holidays.com)* organisieren Touren sowie Gepäcktransporte.

REITEN

Pferde sind bei den Briten ein Pflichtbestandteil des Landlebens. Vor allem in Südengland (Dartmoor, Exmoor), in den Cotswolds sowie im Lake District gibt es auch für Touristen Reitmöglichkeiten. Die *British Horse Society (Tel. 02476 840515 | bhs.org.uk)* hält Informationen über gut geeignete Gegenden vor. Zudem gibt es die *National Trails (nationaltrail.co.uk)* – landschaftlich reizvolle Wege auch für Reiter im ganzen Land.

SEGELN & SURFEN

England ist eine alte Seefahrernation, und Segeln ist bis heute sehr beliebt. Im Solent, zwischen Südengland und der Isle of Wight, tummeln sich Segelboote und Yachten. Unter Surfern ist Newquay der Hit mit seinen elf Stränden, an denen das ganze Jahr über Meisterschaften ausgetragen werden. Wer Surfen lernen will, hat hier viele Schulen zur Auswahl *(escapesurfschool.co.uk, fistralbeachsurfschool.co.uk)*. Auch im Norden ist Wassersport immer ein Thema. Das *Low Wood Watersport Centre (englishlakes.co.uk/watersports)* am Lake Windermere bietet Segeln, Motorbootfahren, Wasserski und Tauchen an. Die Isle of Wight an der Südküste entwickelt sich zunehmend zum Zentrum für Abenteuersport wie *Kitesurfing (Sailing Academy | Tel. 01983 294941 | uksa.org)*.

STAND-UP-PADDLING

Gesurft wurde in Großbritannien seit eh und je, inzwischen aber lassen viele ihr Segel zu Hause. Beim Stand-up-Paddling paddelst du an der Küste oder auf dem See entlang. Lernen kann man Stand up Paddle Boarding inzwischen in fast allen größeren Surfgebieten im Südwesten Englands, u.a. in Bournemouth *(surfsteps.co.uk)* oder St. Ives *(stivessurfschool.co.uk)*. Und selbst in einigen Städten ist es möglich – u.a. im Hafen von Bristol *(supbristol.com)*. Die passende Ausrüstung kannst du meist ebenso leihen wie das Brett selbst *(bsupa.org.uk)*.

TAUCHEN

Unzählige Schiffswracks und zumindest zum Teil glasklares Wasser machen vor allem die Küste Südenglands zu einem guten Tauchrevier. Allein vor den Isles of Scilly im Westen Cornwalls liegen mehr als 800 Schiffe unter Wasser. Ein guter Spot sind auch die Isle of Wight sowie die Küste Cornwalls und Devons. Einen Überblick über Wracks und Gegenden gibt die Seite *ukdiving.co.uk*. Beim *Freediving (ab £ 100 | freediveuk.com)* kann man in Newquay tauchen wie eine Meerjungfrau – mit künstlicher Schwanzflosse und ohne Sauerstoffgerät.

TENNIS

Während der Tennisboom in Deutschland längst vorbei ist, ist dieser Sport in England so zeitlos wie Fußball – und dies nicht nur im Sommer, wenn in Wimbledon das legendäre Grand-Slam-Rasenturnier ausgetragen wird. Als Tourist Tennis zu spielen ist entsprechend leicht möglich: Jedes größere Landhotel bietet meist Plätze und die Möglichkeit, Schläger zu leihen. Der nationale Tennisverband *Lawn Tennis Association (lta.org.uk)* informiert über Clubs vor Ort. Den berühmten Rasen von Wimbledon besichtigst du am besten im Rahmen einer Führung *(tgl. 10–17 Uhr | Tel. 020 89 46 61 31 | Eintritt Museum £ 13, inkl. Tour £ 25 | wimbledon.com).*

WANDERN
Engländer wandern gern, und ihre Organisation, die *Ramblers Association (ramblers.org.uk)*, ist eine der einflussreichsten im Land. Das Netz an Wanderwegen ist dicht. In allen Landesteilen gibt es Fernwanderwege.

Der bekannteste ist der 430 km lange *Pennine Way* vom Peak District zur schottischen Grenze. Landschaftlich wunderbar sind auch der 285 km lange *Offa's Dyke Footpath* entlang der Grenze zu Wales und der *South West Coast Path* rund um die Küste von Dorset über Devon und Cornwall nach Somerset. Mit 1014 km ist letzterer kaum in einem Urlaub zu bewältigen, aber es ist überall möglich, kurze Teilstrecken zurückzulegen. Weniger bekannt ist der *North Norfolk Coast Path*. Er führt in leichten Tagesetappen 74 km von Hunstanton bei King's Lynn nach Cromer. Unterwegs kommt man an Sandstrände, passiert Naturschutzgebiete und hat Gelegenheit, in alten Pubs neue Kräfte zu sammeln *(natio naltrail.co.uk).* Gute Karten mit lokalen Wanderrouten bekommst du in jeder Touristeninformation und in Buchhandlungen vor Ort.

Beim Coasteering kannst du Englands Küsten unsicher machen – mit Helm und in Neopren

DIE REGIONEN IM ÜBERBLICK

IRELAND
ÉIRE

NORTHERN IRELAND

NORTH CHANNEL

IRISH SEA

Liverpool

ST. GEORGE'S CHANNEL

WALES

Das England der Dichter & Denker

DER WESTEN S. 66

BRISTOL CHANNEL

Stadt, Strand, Fluss – hier tobt das Leben

DER SÜDEN S. 98

Plymouth

Isles of Scilly

ENGLISH CHANNEL / LA MANCHE

SCOTLAND

Entdecke die Anfänge des industriellen Zeitalters

South Shields

DER NORDEN S. 40

Manchester Leeds

Sheffield

Trent

Birmingham

NORTH SEA

Maritime Dörfer mit viel Geschichte

Norwich

Oxford

Thames

DER OSTEN S. 84

LONDON

Southampton

Brighton

Isle of Wight

FRANCE

50 mi
50 km

DER NORDEN

WO DIE INDUSTRIE BEGANN

Der Norden Englands ist weltweit bekannt: als Wiege der industriellen Revolution, als Geburtsort der Eisenbahn, als Heimat der Beatles und berühmter Fußballclubs wie Manchester United und FC Liverpool. Vor allem aber bietet er abwechslungsreiche Natur – eine Mischung aus spektakulären Landschaften und phantastischer Küste.

Der malerische Lake District, die verlassenen Moorlandschaften der Pennines, die zerklüfteten Küsten mit vielen Burgen und Klosterrui-

Alle lieben den Lake District. Wer die Ruhe in der Natur sucht, bleibt abseits der Hauptwege

nen sind ideal zum Wandern und Fotografieren. Fünf Nationalparks machen den Norden Englands zudem zum perfekten Outdoor-Urlaubsziel. Die einstigen Industriezentren sind zu hippen Städten geworden. Musik und Kultur, Shopping und Partys bestimmen die Szene in Manchester, Liverpool, Leeds und Newcastle. Doch auch wenn die Zeit rauchender Fabrikschlote lange vorbei ist, hat der Norden seine Vergangenheit nicht einfach begraben. Das industrielle Erbe wird in vielen Museen und Freilichtparks gepflegt.

DER NORDEN

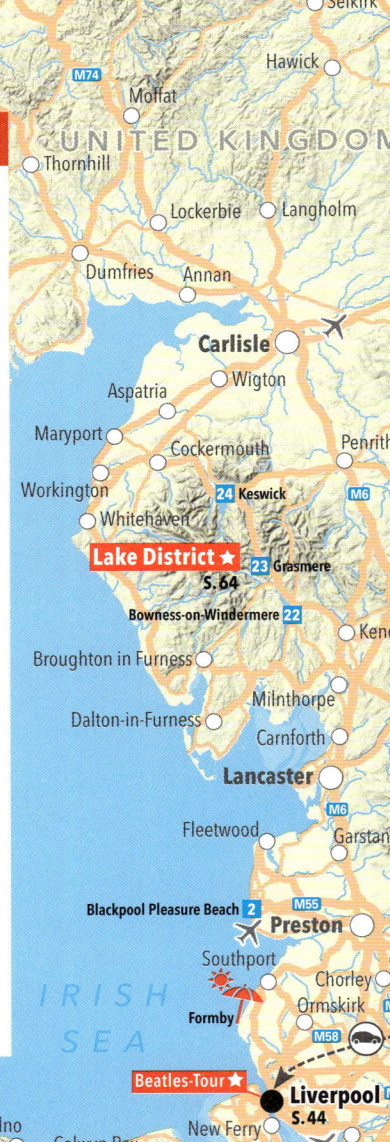

Peebles
Melrose
Innerleithen
Selkirk
Hawick
M74
Moffat
UNITED KINGDOM
Thornhill
Lockerbie
Langholm
Dumfries
Annan
Carlisle
Aspatria
Wigton
Maryport
Penrith
Cockermouth
Workington
24 Keswick
M6
Whitehaven
Lake District ★
23 Grasmere
S. 64
Bowness-on-Windermere 22
Kenda
Broughton in Furness
Milnthorpe
Dalton-in-Furness
Carnforth
Lancaster
M6
Fleetwood
Garstang
Blackpool Pleasure Beach 2
M55
Preston
Southport
Chorley
IRISH
Ormskirk
M61
Formby
M58
SEA
M62
Beatles-Tour ★
Liverpool
S. 44
Amlwch
New Ferry
Runcorn
Llandudno
M56
Colwyn Bay
Shotton
Bangor
St Asaph
1 Chester
Denbigh

20 mi
20 km

LIVERPOOL

(⊞ H 9–10) **Liverpool ist der heilige Ort aller Beatles-Pilger. John, Paul, George und Ringo kommen aus der Stadt am Mersey (470 000 Ew.). Hier liegt die Penny Lane, steht die Statue der einsamen Eleanor Rigby, gab es das Kinderheim Strawberry Fields.**

WOHIN ZUERST?

An den Hafen! Das **Albert Dock** ist ein guter Ort, um ein maritimes Flair zu schnuppern. Daneben bietet **Pier Head** mit dem markanten Royal Liver Building beste Fotomotive. Bahnhof James Street, Parkhaus: Liverpool One (35 Strand Street)

Dieser Umstand kommt Liverpool bis heute zugute: Die heruntergewirtschaftete Hafenstadt wurde behutsam wieder aufgemöbelt, v. a. an den Docks. Sehenswert sind die beiden im 20. Jh. gebauten Kathedralen – die römisch-katholische ein innovatives Betonzelt mit Glasmalereien, die anglikanische konservativ, neugotisch, imposant mit hohem Turm. In der Innenstadt erlebst du den Alltag als relativ rau mit Obdachlosen, Betrunkenen und feiernden Studenten – auch das gehört zu Liverpool dazu.

SIGHTSEEING

ALBERT DOCK
Die ehemaligen Lagerhäuser aus dem 19. Jh. sind heute ein attraktives Frei-

zeitviertel. In der Hafenanlage aus Backstein und Gusseisen findest du die Ausstellung *The Beatles Story (beatlesstory.com | ⊙ 1,5 h),* das ☎ *Maritime Museum (liverpoolmuseums.org.uk/maritime | ⊙ 2 h)* mit Originalteilen der Titanic und faszinierenden Geschichten zu Zoll, Seefahrt und Seehandel, ein ☎ *Museum zur Geschichte der Sklaverei (International Slavery Museum | liverpoolmuseums.org.uk/ism | ⊙ 2 h),* auf deren Grundlage Liverpool zu Reichtum gekommen ist, sowie die ☎ *Tate Liverpool (tate.org.uk/liverpool | ⊙ 1,5 h),* eine Außenstelle der Londoner *Tate Modern* mit moderner Kunst. Außerdem Geschäfte, Restaurants und Bars, die auch abends geöffnet haben. *Museen tgl. 10–17 Uhr | Eintritt frei außer The Beatles Story (£ 17) | albertdock.com*

MERSEY FERRIES
An den Piers, wo einst für Auswanderer die Überfahrt in die Neue Welt begann, legen heute Sightseeingfähren an. Die Fahrt (50 Min.) verspricht einen guten Blick auf das historische Hafenviertel. Mit dem *Saveaway-Tagesticket (£ 5,30)* kannst du nach 9.30 Uhr nicht nur einen Tag lang unbegrenzt Bus und Bahn nutzen, sondern auch die Fähren. *Tgl. ab 10 Uhr | £ 11 | Pier Head | merseyferries.co.uk*

INSIDER-TIPP
Spar dich durch Liverpool

WALKER ART GALLERY ☎
Sie heißt auch die *National Gallery of the North* – weil sie eine der besten Kunstsammlungen des Lands enthält. Sehen kannst du hier Werke früher

Anlaufstelle für Liverpudlians und Touristen ist das herausgeputzte Hafenviertel

italienischer und flämischer Meister, außerdem vieler britischer Künstler. *Tgl. 10–17 Uhr | Eintritt frei | William Brown Street | liverpoolmuseums.org. uk/Walker-art-gallery |* 🕑 *2 h*

BEATLES-TOUR ⭐ 🚩
Von besonderer Bedeutung für die Karriere der Beatles ist eine Haltestelle der *Magical Mystery Tour (tgl. ab 10 Uhr | £ 19,95 | Visitor Information Centre/Albert Dock | cavernclub.org/the-magical-mystery-tour)* – der *Jacaranda-Club (21 Slater Street).* Im Sommer 1960 spielten die Beatles hier zum ersten Mal öffentlich. Das Lokal ist jetzt eine lebhafte Bar. In der Mathew Street gibt es interessante Plattenläden, Pubs und den originalgetreu wiederaufgebauten *Cavern Club (cavernclub.org)*, in dem die Fab Four 294-mal auftraten. In den Vororten können Fans die Häuser besuchen, in denen John Lennon und Paul McCartney aufwuchsen *(nur nach Voranmeldung: März–Nov. Mi–So | £ 27,50 | Tel. 0151 7 14 27 72 31 | nationaltrust.org. uk/beatles-childhood-homes).*

ANFIELD STADIUM
Die 1884 eröffnete Arena des heutigen Liverpool FC ist Pilgerstätte für Fußballfans aus aller Welt. Ein Museum widmet sich der Clubgeschichte. In Führungen werden nicht nur die Tribüne, sondern auch die Räume hinter den Kulissen gezeigt. *Tgl. 10–17 Uhr (Führungen bis 15 Uhr, nicht an Heimspieltagen) | Eintritt £ 20 | Anfield Road | liverpoolfc.com |* 🕑 *1,5 h*

ESSEN & TRINKEN

PANORAMIC 34
Eines der höchsten Restaurants Englands: Vom 34. Stock aus genießt du

hier den Blick über Liverpool und Nordwales – bei mehrfach ausgezeichneter lokaler Küche mit Fleisch, Fisch und vegetarischen Gerichten. *West Tower | Brook Street | Tel. 0151 2 36 55 34 | panoramic34.com | €€€*

THE RESTAURANT BAR & GRILL

Liverpools Gourmettempel in einem alten Bankgebäude steht für köstliche Fischgerichte und saftige Steaks. *Halifax House | Brunswick Street | Tel. 0151 2 36 67 03 | €€*

SHOPPEN

PROBE RECORDS

Der legendäre Plattenladen, der in den 1980ern Kultzentrum der alternativen Musikszene war und auch Elvis Costello zu seinen Stammkunden

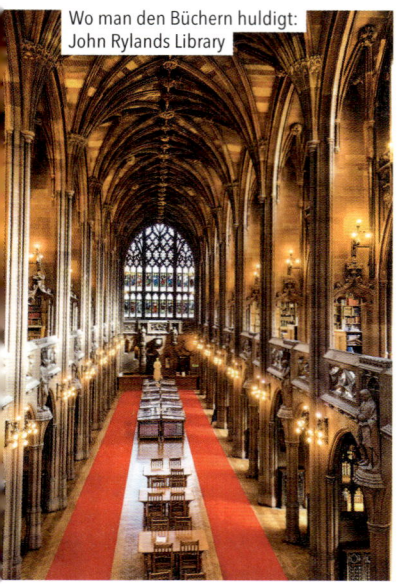

Wo man den Büchern huldigt: John Rylands Library

zählte, ist mittlerweile umgezogen, lohnt aber immer noch den Besuch. *The Bluecoat, School Lane*

AUSGEHEN & FEIERN

Wo früher Sklavenhandel betrieben wurde, sind heute Liverpools Kreative zu Hause: Das *Baltic Triangle* in der Nähe des Albert Dock ist ein altes Industriegebiet mit Galerien, Clubs und Veranstaltungsräumen. Abends trifft man sich z. B. im Partyclub *24 Kitchen Street* oder im *District (61 Jordan Street).*

STRÄNDE

Formby ist ein schöner Strand nördlich von Liverpool, südlich gibt es an der *New Brighton Beach Promenade* Strandfeeling.

RUND UM LIVERPOOL

1 CHESTER

45 km/40 min von Liverpool (Auto)

Auf der Stadtmauer die Stadt umrunden, das kannst du – zumindest in England – nur in Chester (120 000 Ew.), das auf eine 2000-jährige Geschichte zurückblickt. Von der Mauer hast du einen guten Überblick über die Sehenswürdigkeiten: die Burg, den *Water Tower* (Stadtmuseum), den *King Charles Tower* und die Überreste des einst größten römischen Amphitheaters in Großbritannien. Eine weitere

Attraktion sind die *rows*, zweistöckige, verzierte Fachwerkshoppingarkaden aus dem Mittelalter. Achte auf den städtischen Ausrufer, der mehrmals in der Woche jeweils um 12 Uhr die neuesten Ereignisse verkündet. Gönn dir am Mittag oder Abend eine Kanalfahrt *(Abfahrt Mill Hotel | Milton Street | Tel. 01244 35 00 35 | millhotel.com)*, kombiniert mit einem guten Vier-Gänge-Menü. ▢ *H10*

WOHIN ZUERST?

Erste Bekanntschaft mit der Stadt schließt du bei einem Bummel **vom Bahnhof Piccadilly zur Kathedrale** (Parkmöglichkeit: NCP Arndale, High Street). Anschließend geht es mit der Straßenbahn (Salford-Linie) zu den **Salford Quays** mit Daniel Libeskinds Imperial War Museum North.

MANCHESTER

(▢ *K 9*) **Manchester (500 000 Ew.) ist weltweit immer noch als Industriestadt bekannt, die ihren Zenit im 19. Jh. erlebte. Doch dieses Image ist lange überholt. Seit der Jahrtausendwende hat sich die Stadt mächtig gemausert. Manchester ist heute hip, modern, hier und da ein bisschen rau, in jedem Fall aber einer der besten Partyspots der Insel außerhalb Londons.** Das Einkaufsviertel um St. Ann's Square wird immer schicker, die Gastroszene immer besser. Neue Museen wurden eröffnet, alte renoviert, die herausgeputzte Stadtmitte überrascht mit Architektur aus dem 19. Jh. (z. B. das *Rathaus* am Albert Square). Das alte Hafenareal wurde mit Apartments, Geschäften und Kultureinrichtungen wiederbelebt. Vor allem aber ist Manchester Heimat zweier legendärer Fußballclubs: Manchester United und Manchester City. Landesweit ist die Stadt ebenso für ihr Gayviertel um die Canal Street berühmt. Hier wurden Lagerhallen zu modernen Apartments umgebaut. Entlang des Kanals haben sich viele Cafés, Clubs und Restaurants angesiedelt, die bis in den frühen Morgen geöffnet haben.

SIGHTSEEING

THE JOHN RYLANDS LIBRARY

Von wegen Kirche – dieses kathedralenartige Gebäude ist eine Bibliothek, vermutlich eine der schönsten der Welt. In dem neogotischen Meisterwerk findest du u. a. das älteste bekannte Stück des Neuen Testaments, das Johannes-Fragment, außerdem eine Ausgabe von Chaucers *Canterbury Tales* aus dem Jahr 1476. Der namensgebende John Rylands war im 19. Jh. einer der erfolgreichsten Industriellen Manchesters. *Di–Sa 10–17, Mo/So 12–17 Uhr | Eintritt frei | The University of Manchester | 150 Deansgate | library.manchester.ac.uk/rylands |* ⏱ *45 min*

MUSEUM OF SCIENCE AND INDUSTRY 🐷

Dieses Museum ist schon wegen seiner Lage einzigartig: im und um den ältesten noch existierenden Passagierbahnhof der Welt, wiederum Teil der ersten zweigleisigen Eisenbahnstrecke der Welt, der *Liverpool and Manchester Railway.* An manchen Tagen gibt es Rundfahrten mit einem Nachbau von Robert Stephensons Planet-Dampflokomotive aus den 1830er-Jahren *(£ 2),* außerdem Flugzeuge, Dampfmaschinen und Hightech aus den vergangenen Jahrzehnten. *Tgl. 10–17 Uhr | Eintritt frei | Liverpool Road | Castlefield | mosi.org. uk |* 🕓 *2 h*

MANCHESTER UNITED FC

In Manchester musst du dich entscheiden: City oder ManU – die beiden Fußballclubs der Stadt haben ihre eigenen Fans, die du besser niemals verwechselst. Manchester United lebt noch dazu von seiner internationalen Popularität; im legendären Stadion 👥 *Old Trafford* gibt es ein Clubmuseum, und es werden Führungen angeboten. *Museum und Führungen tgl. 9.30–16.30 Uhr | Kombiticket £ 27 (online £ 25) | Tel. 0161 86 88 00 | manutd.com |* 🕓 *2 h*

SALFORD QUAYS

Der alte Binnenhafen im Stadtteil Salford hat mit zwei Attraktionen ein ganz neues Image verpasst bekommen. Das 🦇 *Imperial War Museum North (tgl. 10–17 Uhr | Eintritt frei | iwm.org. uk |* 🕓 *1,5 h),* ein architektonisch spektakuläres Gebäude von Daniel Libeskind, beschäftigt sich auf sensible Weise mit dem Thema „Mensch und Krieg".

Nebenan erhebt sich das hypermoderne Kulturzentrum *The Lowry* (benannt nach dem Industriemaler L. S.

Salford Quays: Moderne Architektur säumt die ehemaligen Hafenbecken

Lowry) mit zwei Galerien, zwei Theatern, Restaurants und Bars wie einem Riesendampfer über den Docks. *Galerien So–Fr 11–17, Sa ab 10 Uhr | Pier 8 | Salford Quays | Theater: Tel. 0843 2 08 60 00 | thelowry.com*

RUNWAY VISITOR PARK

Der Flughafen von Manchester ist nicht nur der größte des Lands außerhalb Londons, sondern verfügt auch über ein kleines Luftfahrtmuseum, in der du eine Reihe alter Maschinen sehen kannst. Höhepunkt ist eine der wenigen noch existierenden Original-Concorde. Bei einer Führung *(£ 15)* erfährst du direkt im Flugzeug alles über diese Ikone der Luftfahrt. *Tgl. 8–18, Okt.–Feb. bis 16 Uhr | Eintritt frei | Sunbank Lane | runwayvisitorpark.co.uk | 1,5 h*

INSIDER-TIPP
Letzter Aufruf für die Concorde

ESSEN & TRINKEN

THREE LITTLE WORDS

Essen, trinken und staunen: Dieses Lokal ist in eindrucksvollen Eisenbahnarkaden untergebracht, brennt seinen eigenen Gin und verwöhnt Gäste mit kleinen, aufwendigen Gerichten zu sensationellen Cocktails. *12–13 Watson Street | Tel. 0161 5 19 44 00 | threelittlewordsmcr.co.uk | €€*

THE MARBLE ARCH INN

Wunderschöner historischer Pub, der das Bier der örtlichen Kleinbrauerei Marble ausschenkt, das bis 2011 sogar hier gebraut wurde. *Abode Hotel | 73 Rochdale Road | Tel. 0161 8 32 59 14 | marblebeers.com | €*

MOWGLI STREET FOOD

Der neue Essenstrend in England ist Streetfood wie in den Straßen von Bombay, Kalkutta & Co. Jakobsmuscheln mit Ingwer, Chili-Cheese-Nuggets oder Koriander-Burger – so hast du noch nie indisch gegessen. *16 Corn Exchange House | 37 Exchange Street | Tel. 0161 8 32 05 66 | mowgli streetfood.com | €*

SHOPPEN

LOWRY OUTLET MALL

Markenware zu Schnäppchenpreisen an den Salford Quays. Die Mall beinhaltet Filialen vieler großer britischer und internationaler Hersteller. *lowry outletmall.com*

SPORT & SPASS

LEGOLAND DISCOVERY CENTRE

Ein großes Spieleparadies für Drei- bis Zehnjährige: In diesem Tempel der guten Laune gibt es mehr als 2 Mio. Legosteine, die zu allem möglichen verbaut wurden, u. a. zu Nachbildungen von Sehenswürdigkeiten aus Manchester. Und wem das nicht reicht: Hier steht die wohl größte Box aus Legosteinen, in der Kinder einfach herumtoben können. *Mo–Do 10–16, Fr–So 10–18 Uhr (letzter Eintritt 2 Std. vor Schließung) | Eintritt £ 20,95, Kinder £16,95 | Unit D5 | Barton*

Square | intu Trafford Centre | man chester.legolanddiscoverycentre.co. uk | ⊙ 2 h

RUND UM MANCHESTER

RUND UM MANCHESTER

AUSGEHEN & FEIERN

ROYAL EXCHANGE THEATRE

Ein modernes Theater ist in das imposante Gebäude der ehemaligen Baumwollbörse von Manchester gezogen, das immer noch sehr sehenswert ist – auch ohne Vorstellung. *Kartentel. 0161 8 33 98 33 | royal exchange.co.uk*

THE TEMPLE

Die etwas andere Bar: Dieser Tempel ist alles andere als heilig und in einer früheren unterirdischen Toilettenanlage untergebracht. Nett für einen originellen Drink mit Freunden am Abend. *100 Great Bridgewater Street*

BRIDGEWATER HALL

Die für ihre besonders gute Akustik bekannte, auf Federn gelagerte Konzerthalle ist die Heimat des Hallé-Orchesters, das von der deutschen Gemeinde Manchesters gegründet wurde. Das dazugehörige Restaurant (€) serviert auch ein ausgezeichnetes und zugleich sehr preiswertes Mittagessen. *Lower Mosley Street*

CASTLEFIELD

Im sanierten Viertel aus der Frühindustrialisierung haben sich Kneipen und Restaurants am Kanalbecken angesiedelt. Vor allem durch die Außengastronomie im Sommer ist hier viel los.

2 BLACKPOOL PLEASURE BEACH 👀

80 km/1 h von Manchester (Auto)

Bei ihrer Eröffnung in den Neunzigern war sie die schnellste und höchste Achterbahn der Welt. Inzwischen hält *The Big One* in diesem Vergnügungspark mit 140 km/h und 70 m Höhe diesen Rekord nur noch in Bezug auf das Vereinigte Königreich. Macht aber nichts – der Spaß ist geblieben. Kleinere Kinder können sich im *Nickelodeon Land* im Park bei Sponge Bob & Co. vergnügen. *Feb.–Nov. tgl. 11–17 Uhr, teilweise länger | Familientagespass £ 98 | Blackpool | blackpoolpleasurebeach.com | ⊞ H8*

3 PEAK DISTRICT

60 km/1 h 30 min von Manchester (Auto)

Großbritanniens erster Nationalpark hat international nie die Bekanntheit anderer Gegenden des Lands erreicht, ist aber nicht weniger sehenswert. Die heidebedeckten Hügel bieten sich für entspannte Wanderungen an, fast überall laufen einem Schafe über den Weg, regelmäßig gibt es Gasthäuser mit guter Hausmannskost und lokalen Bieren. *Chatsworth House (April–Okt. tgl. 11–17 Uhr | Eintritt £ 24 (wer ohne Auto kommt, spart £ 4) | Bakewell | chatsworth.org | ⊙ 2 h)* ist ein prachtvolles Schloss mit riesigem Landschaftsgarten. Das Zuhause des Duke of Devonshire ist innen ver-

Du musst nicht wandern. Der Peak District lässt sich auch mit dem Mountainbike erobern

schwenderisch schön mit teuren Möbel und alten Bildern ausgestattet. *Eyam,* ein idyllisches Kaff, ist bekannt als Pestdorf. Es wurde 1665 total abgeriegelt, als hier die Krankheit ausbracht. Marc Sweeney *(Tel. 07500 84 47 44 | liveforthehills.com)* bietet Touren an, u. a. nach Eyam. Beliebtestes Fotomotiv ist die Talsperre am *Ladybower Reservoir,* wo du auch wunderbar wandern kannst. *K 9–10*

4 QUARRY BANK MILL
19 km/30 min von Manchester (Auto)
Die Ausstellungen in der 200 Jahre alten Baumwollspinnerei stellen die frühen Tage der Industrierevolution dar. Der Komplex gilt als eine der besterhaltenen Textilfabriken aus der Zeit der industriellen Revolution. Drumherum gibt es einen Naturpark, der zu

jeder Jahreszeit perfekt für einen Spaziergang ist. *Tgl. 11–17, Nov.–Feb. Mi– So bis 15.30 Uhr | Eintritt £ 20,25 | Styal | Wilmslow | nationaltrust.org.uk/ quarry-bank | 1 h | J10*

LEEDS

(K–L8) **Leeds (474 700 Ew.) hat sich in den vergangenen Jahren stark gewandelt, nach London ist es zurzeit das größte Finanzzentrum Großbritanniens, was im Stadtbild nicht zu übersehen ist. Große viktorianische Gebäude stehen neben modernen Glaspalästen.**

Mehr als 30 Bankhäuser haben Dependancen in Leeds, dazu ist die Stadt mit mehr als 30 Callcentern das briti-

Corn Exchange: früher Getreidebörse, heute Shopping- und Genussmeile

mal wieder die riesigen Maschinen in Armley Mills, der einst größten Wolltuchfabrik der Welt. Originalinventar, zig Fotos und ein kleines Kino in diesem Industriemuseum verdeutlichen, welch große Bedeutung die Industrie früher für diesen Landstrich hatte. *Di–Sa 10–17, So 13–17 Uhr | Eintritt £ 4,50 | Canal Road | short.travel/eng16 | ⊙ 1–2 h*

ROYAL ARMOURIES MUSEUM

Auch wenn du dich nicht die Bohne für Waffen interessierst, zieht dich dieses nationale Museum tief in die britische Geschichte hinein. Im Zentrum steht die *Hall of Steel,* ein kleiner Turm, der gefüllt ist mit Stahlwaffen vergangener Jahrhunderte. Es gibt immer wieder Vorführungen und Events, die dich mit in die Vergangenheit des Empires nehmen. *Tgl. 10–17 Uhr | Eintritt frei | Clarence Dock | Waterfront | royal armouries.org | ⊙ 1 h*

ESSEN & TRINKEN

TOWN HALL TAVERN

Schöner Pub im Zentrum von Leeds mit konsequent britischer Küche – von Beef bis Fisch. Fast alle Zutaten stammen aus der Region. *17 Westgate | Tel. 0113 2 44 07 65 | €*

SHOPPEN

In der *New Market Street* bieten in der früheren Getreidebörse *(Corn Exchange)* international bekannte Designer ihre Kreationen an. Designbewusste zieht das Kaufhaus *Flannels* an, schön sind die historischen Einkaufs-

sche Zentrum des Telefonbankings. Ursprünglich gelangte sie durch die Wollindustrie zu Reichtum, die jedoch keine Rolle mehr spielt. Viele Clubs haben dazu beigetragen, Leeds' Ruf als Partystadt zu etablieren. Durch zig Läden und Einkaufszentren ist sie aber noch zu etwas anderem geworden: der Shoppinghauptstadt Englands.

SIGHTSEEING

LEEDS INDUSTRIAL MUSEUM

Ruhig und beschaulich ist es am Ufer des Flusses Aire. Es sei denn, es rattern

passagen am *Briggate* und die Markthalle *Kirkgate Market*. Die Kaufhaus-
kette *Marks & Spencer* hatte in Leeds
ihren Ursprung; ihr kleines 👕 🐂 *Mu-
seum (Mo–Fr 9–17 Uhr | Eintritt frei |
Michael Marks Building | University of
Leeds | Woodsley Road)* zeigt Utensi-
lien aus den Anfangsjahren.

AUSGEHEN & FEIERN

Das Nachtleben findet in den Clubs
wie *Pryzm (16–18 Woodhouse Lane)*
und *Mint (Harrison Street)* statt, in denen Funk, Soul, Hip-Hop, Hard House
und Garage geboten werden. Der
Abend beginnt allerdings so gut wie
immer in einem hippen Pub wie dem
*Brewdog (White Cloth Hall | Crown
Street)*. Angesagt und gut für Cock-
tails: *Mojo (18 Merrion St.)*.

RUND UM LEEDS

5 HAREWOOD HOUSE
17 km/20 min von Leeds (Auto)

Eines der großen Herrenhäuser Englands, das ab 1759 gebaut wurde und
noch im Besitz des Grafen von Hare-
wood ist, kannst du besichtigen. Das
aufwendig restaurierte Gebäude ist
erlesen möbliert, und du bekommst
auf deinem Rundgang etliche Gemälde, edle Wandverkleidungen und den
wunderschönen Landschaftspark zu
sehen. *Ostern–Okt. tgl. 12–16 Uhr |
Eintritt £ 15 | harewood.org | ⏱2 h |
🗺 L8*

6 YORKSHIRE SCULPTURE PARK 🐂
30 km/30 min von Leeds (Auto)

Warum immer nur zwischen Wiesen
und Bäumen herumspazieren? Peter
Murray gründete 1977 in einem
200 ha großen Park 30 km südlich
diese Open-Air-Galerie. Zu sehen sind
das ganze Jahr über mindestens 40
Kunstwerke bedeutender, zumeist
britischer Künstler. *Tgl. 10–17 Uhr |
Eintritt frei | West Bretton | Wakefield |
ysp.org.uk | 🗺 L9*

7 SALTAIRE
25 km/40 min von Leeds (Auto)

Inspiriert von den utopischen Sozialis-
ten, baute Sir Titus Salt, seinerzeit einer der reichsten Tuchfabrikanten der
Region, im 19. Jh. einen Musterort für
seine Arbeiter: aus hellem Sandstein
mit Gärten, Kirchen, jedoch ohne
Pubs. Der Ort wirkt heute noch so skur-
ril wie einst. In *Salts Mill*, den ehemaligen Webereien, kannst du durch die
Gebäude gehen und u. a. die größte
ständige *David-Hockney-Ausstellung
(tgl. 10–18 Uhr | Eintritt frei)* sehen.
Victoria Road | saltsmill.org.uk | 🗺 K8

8 YORKSHIRE DALES NATIONAL PARK
*55 km/1 h 10 min von Leeds bis Park-
zentrum Grassington (Auto)*

Besonders schön ist der Nationalpark
im August, wenn die Heide blüht.
Doch auch zu den anderen Jahreszei-
ten sind die *dales*, die Täler, mit ihren
Feldsteinmauern, sanften Hügeln und
urigen Pubs faszinierend. In den hübschen Dörfern, ob *Reeth*, *Hawes* oder
East Witton, scheint die Zeit stillzuste-

hen. Informationszentrum in *Grassington (yorkshiredales.org.uk)*. Ein beliebtes Fotomotiv ist das *Ribblehead viaduct,* eine traumhaft gelegene Eisenbahnbrücke bei Ribblehead. Mehrere längere Wanderstrecken durchqueren die Yorkshire Dales, u.a. der *Pennine Way,* der vom Peak District bis nach Northumberland führt. Gutes Essen in gemütlicher Umgebung gibt es im *Lister Arms (Malham, Skipton | Tel. 01729 83 04 44 | listerarms.co.uk | €€)* in Malham. ▢ *J–K 6–8*

YORK

(▢ L8) **„Die Geschichte Yorks ist die Geschichte Englands", brachte es König George VI. auf den Punkt. Tatsächlich hat die Stadt (198 000 Ew.) in ihrer 2000-jährigen Geschichte römische Kaiser, Wikinger, normannische Ritter, Könige und Adlige gesehen.**

Und alle haben ihre Spuren hinterlassen: in den Gassen, den *shambles,* und im Münster. Schau dir ein fast nahtlos erhaltenes Ensemble an Fachwerkhäusern an, alte Pubs, Geschäfte und viel Geschichte. Bei einem Spaziergang auf der 5 km langen Stadtmauer erhältst du den besten Einblick ins mittelalterliche Stadtzentrum.

SIGHTSEEING

YORK MINSTER
Willkommen in einem der großartigsten Sakralbauten Englands: York Minster ist beides – Kathedrale und Münster: Es ist die Mutterkirche der nördlichen Provinzen der Church of England mit Sitz des Erzbischofs von York und die größte gotische Kirche Englands. Ihr bedeutendster Schatz sind die Glasmalereien (12.–20. Jh.) auf den teilweise tennisfeldgroßen Fensterfronten. *Mo–Sa 9–17, So 12.45–17 Uhr (letzter Einlass) | Eintritt Münster £ 11,50, mit Turm £ 16,50 | yorkminster.org | ⏱ 1 h*

YORK ART GALLERY
Das 2015 grundsanierte Kunstmuseum ist seitdem mehrfach ausgezeichnet worden und gilt längst als eines der großen regionalen Kunstmuseen Europas. Zu sehen sind außer wechselnden Ausstellungen auch eine Reihe eigener Werke, u.a. von Albert Moore und Barbara Hepworth. *Tgl. 10–17 Uhr | Eintritt £ 8 | Exhibition Square | yorkartgallery.org.uk | ⏱ 1 h*

NATIONAL RAILWAY MUSEUM ★ ✝ ☜
Alles, was das Herz eines *trainspotters,* eines echten Eisenbahnfans, höherschlagen lässt: In diesem riesigen Museum siehst du mehr als hundert Dampf-, Diesel- und Elektroloks. U.a. ist George Stephensons *Rocket* ausgestellt sowie die *Mallard,* die den Geschwindigkeitsrekord für Dampfloks hält. *Tgl. 10–18 Uhr | Eintritt frei | Leeman Road | nrm.org.uk | ⏱ 1 h*

ESSEN & TRINKEN

BETTY'S CAFÉ TEA ROOMS
Jede alte Stadt braucht ein Café mit Geschichte – Betty's wurde 1919 von

Typisch York: die *shambles,* die enge, von alten Fachwerkhäusern gesäumte Gasse

dem jungen Schweizer Fritz Bützer gegründet, als dieser eher zufällig in York strandete. Seitdem ist das Café ein Garant für aufwendige Torten und für Nachmittagstee, das Ganze in passender Atmosphäre eines Art-dé-co-Hauses. Bekannt ist es für den *Yorkshire Fruit Cake,* mindestens genauso schön ist aber schon das Frühstück. *6–8 St. Helen's Square | bettys. co.uk | €*

SHOPPEN

SHAMBLES

Diese Straße aus nach oben hin überhängenden Fachwerkhäusern des 14. Jhs. ist nicht nur die schönste der Stadt – hier kannst du auch exzellent bummeln. Zwischen allerlei Nepp findest du u.a. eine große Auswahl an

Tee bei der *Hebden Tea Company (Nr. 21),* Harry-Potter-Souvenirs im *The Shop That Must Not Be Named (Nr. 30)* und Süßes bei *Roly's Fudge Pantry (Nr. 2).*

AUSGEHEN & FEIERN

TOUREN

York ist bekannt für abendliche Touren, auf denen Besuchern das Gruseln gelehrt wird. *Tgl. 20 Uhr | versch. Treffpunkte, z. B. am Pub King's Arms, Ouse Bridge | £ 5 | theoriginalghostwalkof york.co.uk*

KUDA

Der größte Club der Stadt mit mehreren Tanzflächen auf mehreren Etagen, Musik von House bis Hip-Hop. *12 Clifford Street | kudaclub.com/york*

Atemberaubendes Spiel mit Licht und Schatten im Hauptschiff der Fountains Abbey

RUND UM YORK

9 FOUNTAINS ABBEY ⭐

50 km/50 min von York (Auto)

Dieses Ensemble, das von der Unesco zum Weltkulturerbe erklärt wurde, umfasst die landschaftlich wunderschön gelegene Ruine des Zisterzienserklosters aus dem 12. Jh., die größte Englands, und einen Landschaftsgarten aus dem 18. Jh. Viele Besucher kommen einfach nur zum Picknicken hierher oder um im Park die Hirsche zu beobachten. *April–Sept. tgl. 10–18, Okt.–März bis 17 Uhr | Eintritt £ 16,80 | nationaltrust.org.uk/fountains-abbey | ⏱ 1,5 h | 🗺 K7*

10 RIPON

55 km/50 min von York (Auto)

Die 1300 Jahre alte Stadt Ripon ist berühmt für ihren *hornblower*, der noch heute allabendlich zur Nacht bläst. Vorher solltest du einen Blick in die aufwendige *gotische Kathedrale (Mo–Sa 8.30–18 Uhr, So 12–17 Uhr | Eintritt frei | Minster Road)* werfen und vor allem durch die Gassen der Innenstadt schlendern mit ihren zahlreichen kleinen, oftmals noch inhabergeführten Geschäften. 🗺 L7

11 RIEVAULX ABBEY

43 km/50 min von York (Auto)

Im bewaldeten Tal am Ufer des Rye liegen die Ruinen der ältesten Zisterzienserabtei des Nordens, die 1132 von Bernhard von Clairvaux gegründet wurde. Relativ gut erhalten sind Kirchenschiff und Refektorium, eine Ausstellung gibt Einblick ins einstige Klosterleben. *Tgl. 10–18 Uhr | Eintritt £ 9,40 | english-heritage. org.uk/visit/places/rievaulx-abbey* | ⏱ *1,5 h | ▱ L7*

Von Rievaulx Abbey fährst du am bessen südöstlich über Helmsley nach *Harome (▱ M7).* Der Weg an Feldern vorbei ist hübsch, doch vor allem lohnt

das schilfgedeckte *Star Inn* (14. Jh.), ein Pub-Restaurant *(Mo geschl. | Tel. 01439 77 03 97 | thestatharome.cc.uk | €€€)* mit Michelinstern und luxuriösen Zimmern in der *Cross House Lodge* den Abstecher.

12 NORTH YORK MOORS NATIONAL PARK

50 km/55 min von York bis zum Parkplatz Hutton-le-Hole (Auto)

Die wilde, fast baumlose Heidelandschaft im 555 km² großen Nationalpark ist von einsamer Schönheit. Man bekommt das Gefühl von großer Höhe, obwohl 700 m nirgendwo überschritten werden. Von *Pickering* aus (5000 Ew.) fährt die wieder instand gesetzte *North Yorkshire Moors Railway (Tel. 01751 47 25 08 | nymr. co.uk)* mit einer Höchstgeschwindigkeit von 25 Meilen pro Stunde durch die Newtondale-Schlucht nach Grosmont. Der kleine Hafenort Staithes ist bekannt für seine Künstler, die „Impressionisten des Nordens" genannt. Es gibt eine Galerie, jedes Jahr im September ein Kunstfestival. Der *Cleveland Way* ist ein 176 km langer Wanderweg durch den Nationalpark.

Räder kann man – nach einem tollen Lunch – im hippen Fahrradcafé *Yorkshire Cycle Hub (Fryup Gill Farm Great | Fryup | Tel. 01287 66 90 98 | yorkshire cyclehub.co.uk)* mie-

ten – und damit den North-York-Moors-Cycleway erkunden, eine 276 km lange Radstrecke. ▱ *L–M 6–7*

13 WHITBY

75 km/1 h 15 min von York (Auto)

Der Fischereihafen und die Lage zwischen hohen Klippen geben Whitby (79 km) einen unverwechselbaren Charakter, den Bram Stoker in „Dracula" festhielt. Die Vampirgeschichte zieht bis heute blass geschminkte, schwarz gekleidete *goths* in die Stadt, die nicht zuletzt als Heimathafen von Captain Cook *(Cook Memorial Museum | April–Okt. tgl. 9.45–17, März tgl. 11–15 Uhr | Eintritt £ 6,50 | Grape Lane | cookmuseumwhitby.co.uk* | ⏱ *1,5 h)* und wegen der *Abteiruine (Whitby Abbey | tgl. 10–18 Uhr | Eintritt £ 8,90 |* ⏱ *1,5 h)* besuchenswert ist. Auf den hohen Klippen südlich von Whitby verläuft ein Wanderweg mit Meerblick zur Schmugglerbucht *Robin Hood's Bay.* Nördlich von Whitby entdeckst du in der *Runswick Bay* Fossilien der Jura- und Kreidezeit. Achtung: Richte dich nach der Gezeitentabelle! Frischen Fisch gibt's im *Magpie Café (14 Pier Road | Tel. 01947 60 20 58 | mag piecafe.co.uk | €–€€).* ▱ *M6*

14 SCARBOROUGH

70 km/1 h von York (Auto)

Diese Stadt (50000 Ew.) war einmal eines der beliebtesten Seebäder des

Landes, vor allem wegen des Strandes 🐦 *Scarborough Beach*. Heute zeichnet den Ort neben den sauberen Stränden vor allem der Charme vergangener Tage aus. Eine Landzunge mit mittelalterlicher Burg trennt die ruhige nördliche von der etwas rummeligen südlichen Bucht, im Kern findest du lauter – aus heutiger Sicht mitunter überdimensionierte – viktorianische Gebäude. *Woodend (The Crescent | woodendcreative.co.uk)* ist ein relativ neues Kunstzentrum mit guten Ausstellungen. Kultcharakter genießt die Vergnügungsmeile am Hafen – Miniriesenrad und das obligatorische Casino inbegriffen. 🗺 *N7*

15 CASTLE HOWARD

25 km/30 min von York (Auto)
Eines der prächtigsten privaten Herrenhäuser (17. Jh.) Englands sieht aus wie ein Schloss. Am besten schlenderst du erst einmal durch den traumhaften Garten, bevor du im Inneren Gemälde u. a. von Thomas Gainsborough und Joshua Reynolds bestaunst. Letzterer porträtierte mehrfach den damaligen Besitzer, den Earl of Howard. *Ostern–Okt., Adventszeit tgl. 11–16 Uhr | Eintritt £ 19,95 | castle howard.co.uk |* ⏱ *1,5 h |* 🗺 *M7*

DURHAM

(🗺 L5) **Wie eine Festung liegt die Kathedrale von Durham (65 000 Ew.) auf einer felsigen, fast vollständig vom Fluss Wear umschlossenen Halbinsel.**

Gleich nebenan: die Burg. Alles zusammen wirkt ziemlich dramatisch und wurde nicht zuletzt deswegen Weltkulturerbe. Zu Füßen der Bauwerke hat sich, wie es sich damals gehörte, eine hübsche Kleinstadt entwickelt, mit einer lebendigen Fußgängerzone und vielen Pubs.

Mönche aus Lindisfarne, durch Übergriffe der Wikinger von ihrem Inselkloster vertrieben, bauten hier im Jahr 995 eine sichere Ruhestätte für die Gebeine des hl. Cuthbert. Auch Wilhelm der Eroberer war von diesem Ort begeistert und errichtete 1071 eine Burg. Die Studenten der Universität – nach Oxford und Cambridge die älteste des Lands – sorgen heute dafür, dass die Stadt trotz aller Historie überaus jung wirkt. Im Sommer ist der Fluss Wear beliebt für Spaziergänge und Ruderpartien.

SIGHTSEEING

DURHAM CASTLE

Weit weg von London hatten die Fürstbischöfe besonders viel Macht. Die Burg diente ihnen bis 1832 als Palast, von hier aus regierten sie das Land wie Könige. Im 19. Jh. wurde die Universität von Durham gegründet, und Durham Castle wurde das erste College. Auch heute wohnen hier Studenten. *Führungen tgl., Zeiten variieren | Eintritt £ 5 | Infos u. Tickets beim Pförtner und unter Tel. 0191 3 34 29 32 | dur.ac.uk/durham.castle |* ⏱ *1 h*

KATHEDRALE ⭐

Diese Kathedrale ist die besterhaltene und größte normannische Kirche Eng-

Die Burg, in der nun studiert wird, und die Kathedrale dominieren das Stadtbild Durhams

lands. Bei ihren Ausmaßen kommt sich jeder winzig vor. Gleich am Nordwestportal hängt ein Türklopfer in Form eines großen Löwenkopfs. Schafften es Kriminelle im 12. Jh., diesen zu erreichen, gewährten ihnen die Benediktinermönche Asyl. Der Original-Türklopfer wird nun wie der Sarg des hl. Cuthberts im Domschatz aufbewahrt. Du kennst den Kreuzgang irgendwoher? Kein Wunder, hier wurden Szenen für einige der Harry-Potter-Filme gedreht. Am besten kommst du abends zum *Even Song:* Der Knabenchor der Kathedralschule singt während dieses Abendgottesdiensts *(Di–Sa 17.15, So 15.30 Uhr)* in Konzertqualität. *Mo–Sa 9.30–18, So 12.30–17.30 Uhr | Eintritt frei, Spende erbeten, Turmbesteigung £ 5 | durhamcathedral. co.uk | ⏱ 1 h*

INSIDER-TIPP
Gratiskonzert am Abend

ESSEN & TRINKEN

FINBARR'S

Lass dich vom wenig glänzenden Interieur nicht abschrecken, das Essen macht alles wett: Fisch, Fleisch, Vegetarisches – verarbeitet wird, was aus der Region kommt. *Aykley Heads House, Aykley Heads | Tel. 0191 3 07 70 33 | finbarrsrestaurant.co.uk | €€*

SHOPPEN

DURHAM INDOOR MARKET

Dieser große Markt mit Essen und Kleinkram wird immer wieder zu einem der schönsten im Land gewählt. Insgesamt rund 50 örtliche Händler sind in dem hübschen viktorianischen Gebäude untergebracht, außerdem ein gemütliches Café. *Mo–Sa 9–16.30 Uhr | Market Place | durhammarkets.co.uk*

NEWCASTLE

(□ K–L5) ★ **Newcastle upon Tyne – so der vollständige Name – ist ein Phänomen: Einst war hier die Kohleindustrie zu Hause, wurden Schiffe gebaut und Bier gebraut.**

Nichts von dem ist geblieben, selbst das nach der Stadt benannte *brown ale* wird heute in den Niederlanden produziert. Dafür ist „Newcie" (280000 Ew.) v. a. eines der angesagtesten Wochenendziele des Landes geworden. Behutsam wurden alte Fabrikanlagen restauriert, die prachtvollen Kaufmannshäuser aus dem 17.Jh. und die klassischen Bauten aus der viktorianischen Zeit aufpoliert und die Altstadt *Grainger Town* wieder belebt. Einen guten Überblick hast du von der normannischen Burg. Noch schöner ist der Blick aber von einer der sieben Brücken, die über den Tyne führen. Die *High Level Bridge* war bei ihrer Eröffnung 1849 die erste Straßen- und Eisenbahnbrücke der Welt, die *Gateshead Millennium Bridge* von 2001, die welterste rotierende Brücke. Um den *Bigg Market* herum sowie im *Quayside-Viertel* ist von Donnerstag bis Montag Party angesagt – egal, in welchen Pub oder Club du gehst, du kannst eigentlich nicht viel falsch machen. *newcastlegateshead.com*

SIGHTSEEING

BALTIC CENTRE FOR CONTEMPORARY ART

Vom Korn zur Kunst: Letztere wird seit einigen Jahren im früheren Getreidespeicher am Südufer des Tyne gezeigt. Viele kommen aber nicht nur wegen der zeitgenössischen Stücke – der Blick, den du vom Dachrestaurant aus hast, ist einer der schönsten der Stadt. Du kannst über den Tyne River ins Zentrum von Newcastle schauen. *Tgl. 10–18 Uhr | Eintritt frei | South Shore Road Gateshead | balticmill. com | ⊙ 2 h*

INSIDER-TIPP
Die weiteren Aussichten: schön!

VICTORIA TUNNEL

Eine der wenigen noch existierenden Hinterlassenschaften der Kohleindustrie. Spannende Touren führen durch diesen dunklen, kühlen Tunnel, durch den früher die Kohle zum Hafen transportiert wurde und in dem während des Zweiten Weltkriegs die Menschen Schutz vor den Bomben suchten. *Mi–Mo unterschiedl. Zeiten, nach Voranmeldung, Tickets über die Website | Eintritt 9 £ | 53–55 Lime Street | Tel. 0191 2 30 42 10 | ouseburntrust.org. uk | ⊙ 1 h*

ESSEN & TRINKEN

BLACKFRIARS CAFÉ BAR

Willkommen im vielleicht ältesten Speisesaal Englands in einem ehemaligen Kloster aus dem 13.Jh., das schon Heinrich III. beherbergt haben soll. Die Speisekarte hat sich seitdem etwas geändert – serviert werden heute moderne britische Speisen von Hake-Fisch bis Hühnchen, alles aufwendig angerichtet und oft mit einem Hauch asiatischer Finesse. *Friar Street | Tel. 0191 2 61 59 45 | blackfriarsrestaurant.co.uk | €€*

In der Partystadt Newcastle geht es nachts bunt zu – in den Clubs und am Ufer des Tyne

THE BOTANIST

In diesem sehr zentralen Restaurant kannst du gut essen (britisch rustikal) und gucken (aufs Monument und das Treiben der Innenstadt). Aber seien wir ehrlich: Wer hier unter dem künstlichen Baum sitzt, will vor allem einen exzellerten Gin trinken – die Auswahl ist gewaltig, die Zubereitung professionell. *Monument Mall | Tel. 0191 2 61 63 07 | thebotanist.uk.com | €€*

SPORT & SPASS

NEWCASTLE CLIMBING CENTRE

Eines der größten Indoor-Kletterzentren Nordenglands – untergebracht an einem ganz besonderen Ort: in der ehemaligen Kirche von St. Mark's. *Mo–Fr 10–22, Sa/So bis 20 Uhr | Eintritt £ 30 |*

285 Shields Road | Tel. 0191 2 65 60 60 | newcastleclimbingcentre.co.uk

STRÄNDE

Ein enger, aber umso schönerer Strand ist die *King Edwards Bay*, gleich nebenan liegt der lange *Lond Sands North Beach*. Beide sind bequem mit der U-Bahn (Tynemouth) erreichbar. Südlich des Tynes schließt sich *Sandhaven (Soth Shields)* an.

AUSGEHEN & FEIERN

THE SAGE MUSIC CENTRE

Das Gebäude am Tyne von Stararchitekt Sir Norman Foster ist schon wegen seiner gewölbten Form einen Besuch wert – und ein beliebtes Fotomotiv. Es schadet aber auch nichts, es zu einem der zahlreichen erstklassigen Konzerte zu besuchen – die sind nicht nur klassisch, sondern mitunter auch aus Bereichen wie Electronic, Dance, Pop. *Tel. 0191 4 43 46 61 | the sagegateshead.org*

RUND UM NEWCASTLE

16 ANGEL OF THE NORTH ★

10 km/20 min von Newcastle (Auto)
Großbritanniens größte Freiluftskulptur. Der Engel des Nordens wirkt wie ein Mensch mit Flugzeugtragflächen und ist mit 20 m Höhe und 54 m Breite weithin sichtbar. Gestaltet wurde das Werk von Antony Gormley, der ähnliche, kleinere Skulpturen auch an anderen Orten im Land aufgestellt hat. *Nahe der Kreuzung A 1/A 167 südlich von Gateshead | 🗺 L5*

17 BEAMISH OPEN AIR MUSEUM 👥

20 km/30 min von Newcastle (Auto)
Eine Reise ins England des 19. Jhs. In diesem Freilichtmuseum ratterst du mit der Tram oder dem historischen Doppeldeckerbus über Kopfsteinpflaster, vorbei an historisch gekleidetem Personal, besuchst den Süßwarenladen, die Druckerei, die Bank und probierst das frisch gezapfte Bier im Pub. Auch unter Tage können die Besucher fahren. *April–Okt. tgl. 10–17, Nov.–März Di–Do, Sa/So 10–16 Uhr | Familienticket £ 51 | Beamish | beamish.org.uk | ⏱ 3 h | 🗺 K5*

18 HADRIAN'S WALL ★

30 km/30 min von Newcastle bis Corbridge (Auto)
Kaiser Hadrian errichtete im Jahr 122 diesen über 5 m hohen und 120 km langen Wall, um „die Römer von den Barbaren zu trennen", wie es damals hieß, und das Ende der zivilisierten Welt zu markieren. Er brachte Tausende Soldaten in die Region und ließ die Mauer im Abstand von einer Meile mit Burgen befestigen. Von Newcastle im Osten bis Carlisle im Westen erstrecken sich die eindrucksvollen Überreste des ältesten römischen Monuments auf britischem Boden. Zwischen Corbridge und Haltwhistle sind die Wachtürme noch gut erhalten. Der *AD122 Hadrian's Wall Country Bus (April–Sept. mehrmals tgl. | Fahrt £ 12,50 | gonorth east.co.uk)* pendelt zwischen Hexham und Haltwhistle und hält an allen Forts entlang der Mauer. *hadrianswall country.co.uk | 🗺 H–L 4–5*

19 SEATON DELAVAL HALL

20 km/30 min von Newcastle (Auto)
Auf Englands bedeutendstem Barockanwesen schien von Beginn an ein Fluch gelastet zu haben: Weder Architekt Sir John Vanbrugh noch sein Auftraggeber Admiral George Delaval erlebten die Fertigstellung. Es wechselte die Besitzer und brannte einmal innen komplett aus. Heute birgt das edle Landhaus Juwelen und Gemälde, v. a. aber ist es ein Stück feinster britischer Architekturgeschichte. *April–Okt. Do–Mo 11–17, Nov.–Dez. Sa/So bis 15 Uhr | Eintritt £ 7,20 | The Avenue | Seaton Sluice | 🗺 L4*

20 ALNWICK

55 km/45 min von Newcastle (Auto)

Jahrhundertelang war die Region Northumbria Schauplatz von Grenzkriegen. Eine der eindrucksvollsten Burgen steht in Alnwick (7000 Ew., sprich „Annick"), einem mittelalterlichen Städtchen. In *Alnwick Castle (Ostern–Okt. 10–17.30 Uhr | Eintritt £ 16,75 | ⏱ 1,5 h)* lebt der größte private Landbesitzer Nordenglands, der Herzog von Northumberland. Dennoch kannst du das Anwesen besichtigen. Die Burg ist voll mit sagenhaften Kunstschätzen (Canaletto, Tizian, Anthonis van Dyck). Im Park wurden Szenen der Harry-Potter-Filme gedreht. Zum neu angelegten Garten gehören Kaskaden, hohe Fontänen und andere ausgefallene Wasserspiele sowie ein großes Baumhaus. Essen solltest du im *White Swan (Bondgate Within | Tel. 01665 60 21 09 | classiclodges.co.uk/ the-white-swan | €€)*. Sehenswert ist die Ausstattung des Speisezimmers, die vom Luxusliner *Olympic,* dem Schwesterschiff der Titanic, stammt. Decke, Wandverkleidung, Spiegel und mehr fuhren viele Jahre auf hoher See um die Welt. 🗺 *K3*

INSIDER-TIPP

Essen wie auf hoher See

21 HOLY ISLAND – LINDISFARNE ⭐

100 km/1 h 30 min von Newcastle (Auto)

Wer die Fahrt in Englands spirituelle Vergangenheit plant, muss zuvor den Tideplan studieren, denn der 7 km lange Weg zur Insel ist nur bei Ebbe befahrbar. Doch die Tour lohnt sich allemal: Hier nahm im 8. Jh. die Christianisierung Nordenglands und eines Teils Deutschlands ihren Anfang. Das Kloster Lindisfarne, später Holy Island (heilige Insel) genannt, wurde 635

Hier Römer, dort Barbaren – Hadrian's Wall sollte das „Ende der zivilisierten Welt" markieren

gegründet und genoss internationalen Ruf. 793 zerstörten die Wikinger das Kloster. Doch im 12. Jh. bauten Mönche aus Durham die Abtei wieder auf. Die Klosterruinen *Lindisfarne Priory (tgl. 10–18, Winter Mi–So 10–16 Uhr | Eintritt £ 7,20 | ⏱ 1 h)* sind bis heute Pilgerstätte. Deutlich mehr erhalten ist von der ehemaligen Burg *Lindisfarne Castle (April–Okt. tgl. 10–16 Uhr | Eintritt £ 8,10 | ⏱ 1 h),* die 1549 zum Schutz gegen die Schotten errichtet und 1903 zum Landhaus umgebaut wurde. Guten, vor Ort gerösteten Kaffee und kleine Snacks gibt es im *Pilgrims Coffee House (Marygate | pilgrimscoffee.com | €).* Ein leckeres Mitbringsel ist das *Lindisfarne Castle Dark Ale,* ein lokales Bier, das mit Ysop (Bienenkraut) aus dem Schlossgarten gebraut wird. *Bootsfahrten (ab 20 £ | Tel.*

01665 72 03 08 | farne-islands.com) zu den Farne-Inseln und auch zur Beobachtung der *Robbenkolonie* gehen vom Hafen Seahouses ab, südlich von Bamburgh. Das Beste: Auf *Lindisfarne* findest du mit dem ⚓ *North Shore* und beim nahe gelegenen Bamburgh einige der schönsten Strände Nordenglands. *📖 K2*

LAKE DISTRICT

(📖 G–H 6–7) **Egal, ob du wandern magst oder nicht, im ⭐ Lake District zieht es jeden wie von selbst an die frische Luft. Die Landschaft dieses einzigartigen und größten**

Wandermüde? Dann steig ins Ruderboot, z. B. am Derwent Water bei Keswick

Nationalparks Englands ist atemberaubend. Für viele ist er der schönste Teil der Insel, den du am besten zu Fuß entdecken solltest. Mit seinen 16 großen Seen, Wasserfällen sowie gewundenen Straßen, die an Dörfern mit blumengeschmückten Steincottages, Schieferhäusern und Zehntausenden von Schafen entlangführen, zeigt der Lake District mal die dramatisch schroffe Seite Englands, mal die romantische. In die nur 42 mal 50 km große Seenlandschaft zieht es allsommerlich viele Touristen. Doch wenn du die Wochenenden und die Hauptstraßen meidest, kannst du durch Berge *(fells)* und saftige grüne Täler auch heute „einsam wie eine Wolke" wandern – so, wie es William Wordsworth (1770–1850) einst beschrieb. Ausführliche Informationen findest du im MARCO POLO „Lake District".

ORTE IM LAKE DISTRICT

22 BOWNESS-ON-WINDERMERE

Mach dich auf ein Touristennest gefasst – aber die sind bekanntlich meist genau dort, wo es schön ist: Beim Besuch von Bowness-on-Windermere (4000 Ew.) lernst du die Nationen der Welt kennen und die neusten Reisebusse. Die idyllische Lage am größten See Englands macht jedoch vieles wieder wett. Bei einer Seerundfahrt *(£ 9/45 Min.)* bekommst du einen Überblick über das Gewässer, die vielen kleinen Inseln und lauschigen Buchten. Im Ort selbst werden in *The World of Beatrix Potter (tgl. 10–17.30, Okt.–März bis 16.30 Uhr | Eintritt*

£ 8,20 | The Old Laundry | Crag Brow | hop-skip-jump.com | ⏱ 2 h) die Geschichten der Kinderbuchautorin (1886–1943) lebendig. 🗺 H6

23 GRASMERE

Kaminduft weht dir in Grasmere (1000 Ew.) um die Nase. Das Bilderbuchdorf ist durchsetzt mit Cafés und Pensionen, abends wird es richtig ruhig. Allgegenwärtig ist hier der Dichter William Wordsworth, der mal in Grasmere gelebt hat. *Dove Cottage (tgl. 9.30–17.30, Nov.–Feb. bis 16 Uhr | Eintritt £ 8,95 | ⏱ 1 h)* widmet sich mit vielen Erinnerungsstücken dem Leben des Poeten, der auf dem Friedhof der Kirche St. Oswald's begraben ist. Dort findest du auch den winzigen *Gingerbread-Shop*. Seit 1854 wird in dem Gebäude von 1660 englischer Pfefferkuchen gebacken und verkauft. 🗺 H6

24 KESWICK

Keswick (5000 Ew.) ist eine hübsche Marktstadt mit guten Pubs und Teehäusern. Interessant ist das *Bleistiftmuseum (Pencil Museum | tgl. 9.30–17 Uhr | Eintritt £ 4,95 | pencilmuseum. co.uk | ⏱ 30 min)*. Der Grafit für die Bleistifte wird seit dem 16. Jh. in den hiesigen Bergwerken abgebaut. Keswick ist ein idealer Ausgangspunkt, um den ruhigeren nördlichen Teil des Nationalparks zu erkunden. Die schönste Route führt südlich am Derwent Water und durch Borrowdale über den Honister Pass zum kleinen See *Buttermere*. Der 5000 Jahre alte Steinkreis *Castlerigg Stone Circle* liegt wunderschön zwischen den Bergen (3 km östlich, abseits der A 66). 🗺 H6

DER WESTEN

ENGLAND WIE IM BILDERBUCH

Viele Briten sind davon überzeugt, dass ihre Insel nirgendwo englischer ist als im „Heart of England", im „Herzen Englands". Grüne Hügel und Dörfer, die ihr mittelalterliches oder georgianisches Stadtbild weitgehend bewahrt haben, werden jedem Klischee gerecht, und niemanden würde es überraschen, wenn Queen Victoria um die nächste Ecke böge, obwohl sie seit weit mehr als 100 Jahren tot ist. Oxford mit der ältesten englischen Universität (12. Jh.) ist die berühmteste Stadt der Region. Ländlich-schön sind die nahe

Hort des Wissens, der Traditionen und der Privilegien: die Universität von Oxford

gelegenen *Cotswolds*. Die im 16. und 17. Jh. aus honigfarbenem Sandstein erbauten Dörfer Broadway oder Bibury zählen zu den malerischsten auf der Insel. Die Grafschaft Shropshire an der Grenze zu Wales ist ein Geheimtipp für all jene, die sonst schon alles in England gesehen haben. Abseits touristischer Ziele gibt es hier viel typisch Britisches zu entdecken: Gespenstisches z. B. im Pub The Dun Cow in Shrewsbury, der von Geistern längst verstorbener Mönche heimgesucht wird.

DER WESTEN

Congleton
Sandbach
Kidsgrove
Nantwich
Stoke-on-Trent
Llangollen
Corwen
Whitchurch
Chirk
Ellesmere
Market Drayton
M6
Stone
UNITED KINGDOM
Eccleshall
Stafford
Newport
Penkridge
Shrewsbury ★
S. 70
75 km, 1 Std.
M54
1 Ironbridge Gorge ★
Welshpool
Wolverhampton
Much Wenlock
Newtown
Church Stretton
Bridgnorth
Stourbridge
Bishop's Castle
Hagley
2 Stokesay Castle
Kidderminster
Clun
3 Ludlow ★
Stourport
on Severn
Knighton
Tenbury Wells
Droitwich Spa
Llandrindod
Leominster
Kington
Worcester
Bromyard
M5
Malvern
Hereford
Ledbury
Tewkesbury
Brecon
Ross-on-Wye
M50
Cheltenham
S. 77
Crickhowell
Gloucester
Abergavenny
Monmouth
Painswick **T2**
Stroud
10 mi
10 km
Usk
Lydney
Nailswor
Pontypool
80 km, 1 Std. 20 Min.

MARCO POLO HIGHLIGHTS

★ **BIRMINGHAM-KANALFAHRT**
Die Boote lang und schmal, aber Gondeln sind es nicht – unterwegs auf den Wasserwegen der Stadt ➤ S. 75

★ **COTSWOLDS**
Idylle pur in honigfarbenen Dörfern ➤ S. 77

★ **STRATFORD-UPON-AVON**
Eine ganze Stadt dreht sich um den größten englischsprachigen Schriftsteller. ➤ S. 76

★ **OXFORD**
Die älteste Universitätsstadt des Landes ➤ S. 79

★ **SHREWSBURY**
Mit über 660 denkmalgeschützten Häusern die schönste Tudorstadt ➤ S. 70

★ **IRONBRIDGE GORGE**
Das Industriezeitalter begann genau hier. ➤ S. 71

★ **LUDLOW**
Wer exquisit speisen will, fährt nach Ludlow. ➤ S. 72

Clay Cross
Matlock
Alfreton
Ripley
Ashbourne
Belper
7 Alton Towers
Ilkeston
Derby
Stapleford
Uttoxeter
Burton-on-Trent
Swadlincote
Coalville
Lichfield
M42
Atherstone
Sutton Coldfield
Birmingham-Kanalfahrt ★
Nuneaton
Birmingham
S. 73
M69
Shirley
Coventry
Rugby
M42
Henley-in-Arden
5 Warwick Castle
4 Althorp
Alcester
Southam
Daventry
Northampton
6 Stratford-upon-Avon ★
Olney
Towcester
Milton Keynes
125 km, 1½ Std.
Banbury
Brackley
8 Broadway
Buckingham
Moreton-in-Marsh
M40
Cotswolds ★
Winslow
9 Bourton-on-the-Water
Bicester
Blenheim Palace **13**
Waddesdon Manor **14**
70 km, 1 Std.
Burford
Aylesbury
Witney
10 Bibury
Oxford ★
S. 79
Thame
Princes Risborough
11 Cotswold Water Park

Und sie steht noch immer: Die erste eiserne Brücke der Welt überspannt den Fluss Severn

SHREWSBURY

(🗺 H12) **Das an der Severn-Schleife gelegene ⭐ Shrewsbury mit seinen vielen Fachwerkhäusern ist die wohl schönste Tudorstadt (70 000 Ew.) der gesamten Britischen Inseln.**
Es zählt über 660 denkmalgeschützte Bauten, darunter die *Old Market Hall* (1596), in der früher die reichen Wollfarmer und Tuchhändler verhandelten, oder die alte *Stadtbibliothek* von 1598. Davor das Denkmal von Charles Darwin, der 1808 in Shrewsbury geboren wurde. Auch das Monument *The Quantum Leap* (Der Quantensprung) im Geo-Park am Fluss Severn erinnert an ihn. Mittelalterlich verwinkelt sind *Grope Lane, Butcher Row* und *Milk Street,* enge Passagen, die *shuts* genannt werden.

SIGHTSEEING

SHREWSBURY ABBEY
Die Abteikirche am westlichen Ufer des Severn mag vielleicht nicht die schönste im ganzen Land sein, sie ist aber u. a. wegen des mit Wappen verzierten Westfensters sehenswert. Der Bau aus rotem Sandstein stammt aus der Zeit nach der normannischen Eroberung, als Benediktiner an dieser Stelle ein ganzes Kloster gründeten. Die Kirche ist in England vor allem wegen der Krimireihe „The Cadfael Chronicles" bekannt, die hier spielt. *Tgl. 10–16, Nov.–März 10.30–15 Uhr | Eintritt frei | Abbey Foregate | shrewsbury abbey.com |* ⏱ *30 min*

SHREWSBURY MUSEUM & ART GALLERY

In der wunderschönen alten *music hall* hat ein Museum sein Zuhause gefunden. Es erzählt die Geschichte der Stadt und Region von den Römern bis in die Neuzeit. In den wechselnden Sonderausstellungen geht es aber auch um viel profanere Dinge wie z. B. Lego-Figuren. Und freu dich auf den hausgemachten Kuchen zum Tee, den du nach dem Rundgang im schlichten, aber netten Café bekommst. *Tgl. 10–17 Uhr | Eintritt £ 4,50 | The Square | shrewsburymuseum.org.uk |* ⏱ *2 h*

ESSEN & TRINKEN

THE DUN COW

Der Pub mit Steakrestaurant blickt auf eine lange Tradition zurück: 1085 kehrte man hier schon ein. Das alte Fachwerkgebäude birgt auch innen Zeugnisse seiner langen Geschichte – und Übersinnliches:

INSIDER-TIPP
Geisterstunde im Pub

Seine Besitzer sind fest davon überzeugt, dass es in ihrem Gasthaus spukt. Kein Spuk ist das gute Essen: Steak, Chili und Ofenkartoffeln stimmen jeden Geist milde. *171 Abbey Foregate | Tel. 01743 35 64 08 | theduncow.co.uk | €*

SHOPPEN

THE PARADE SHOPPING CENTRE

30 kleine Geschäfte in einem 200 Jahre alten Haus, das ursprünglich mal eine Klinik war. Von der Caféterrasse aus hat man einen schönen Blick auf den Fluss. *paradeshops.co.uk*

AUSGEHEN & FEIERN

☛ Theaterschnäppchen für alle, die jünger als 25 sind: Täglich können 40 Karten für nur £ 5 vorbestellt werden, zehn werden am Tag der Aufführung im *Courtyard Theatre* vergeben. Jeden Freitag gibt es außerdem ausgesuchte Tickets für jedermann für £ 10. *rsc.org.uk*

RUND UM SHREWSBURY

1 IRONBRIDGE GORGE ★ ☻

25 km/35 min von Shrewsbury (Auto)
Im Museumskomplex um die Ironbridge Gorge steht die erste Eisenbrücke der Welt (1777–1779), die den Beginn des Industriezeitalters markiert. Die ganze Gegend wurde 1986 zum Weltkulturerbe erklärt. Es gibt zehn Museen entlang der Schlucht, in denen die Geschichte der industriellen Revolution vermittelt wird. Beginn deine Tour mit dem *Museum of the Gorge* in einem umgebauten Lagerhaus (1840). Das *Coalbrookdale Museum of Iron (tgl. 10–17 Uhr | ein Jahr gültiges Passport-Ticket für alle Museen £ 26,50 | ironbridge.org. uk)* befindet sich direkt neben dem Ofen, in dem erstmals 1709 Eisen mit Koks geschmolzen wurde. *▥ J12*

2 STOKESAY CASTLE ☻

40 km/45 min von Shrewsbury (Auto)
Keine Sorge: Auch wenn die Wände des Fachwerkbaus von Stokesay

Castle teilweise verdächtig schief aussehen – der befestigte Herrensitz hat seit dem 13. Jh. gehalten. Laurence of Ludlow, damals Englands erfolgreichster Wollhändler, ließ das Gebäude errichten, inzwischen darf es jedermann besuchen. Durch die Fenster der Great Hall genießt du einen wunderbaren Blick auf die Landschaft Shropshires. Schön im Sommer ist der Kräutergarten am gelben *Gatehouse,* aufwendig die Schnitzereien an einigen Balken. *März–Sept. tgl. 10–18, Okt.–Feb. Sa/So 10–16 Uhr | Eintritt £ 9 |* ⏱ *1,5 h |* ▥ *H13*

🟥 LUDLOW ⭐

50 km/50 min von Shrewsbury (Auto)
Viele wissen gar nicht, wohin sie zuerst schauen sollen: auf die majestätische Burganlage (*März–Okt. tgl. 10–17, Nov./Dez./Feb. bis 16, Jan. Sa/So 10–16 Uhr | Eintritt £ 7 | ludlowcastle.com),* die jedes Jahr Anfang Juli zur Open-Air-Theaterkulisse wird, auf die liebevoll restaurierten Fachwerkhäuser oder die hübschen georgianischen Neubauten. Das im 12. Jh. entstandene Ludlow (10 000 Ew.) ist der Inbegriff einer englischen Provinzkleinstadt. Aber es ist auch gastronomische Hochburg mit einem kulinarischen Festival am zweiten Septemberwochenende, ausgezeichneten Lebensmittelgeschäften und hervorragenden Restaurants: Iss am besten in *The Cliffe (6 Halton Lane | Tel. 01584 87 20 63 | thecliffeatdinham.co.uk | €€),* einem gemütlichen Restaurant mit saisonalem und regionalem Essen

Ludlows anziehender Mix: Fachwerk und Georgian Style, hübsche Läden und 1 a Restaurants

sowie einem perfekten Blick auf die Burg. ⌂ *H13*

BIRMINGHAM

(⌂ *K12*) **Birmingham (1 Mio. Ew.) ist einer der wichtigsten Wirtschaftsstandorte Großbritanniens – und mit seiner großen Innenstadt zudem ein Einkaufsparadies.**

Etliche Nationalitäten leben in der Stadt, auch viele Iren.  **INSIDER-TIPP Englands Dublin** Deswegen gibt es in Birmingham alljährlich im März die nach Dublin und New York drittgrößte Parade zum St. Patrick's Day *(stpatricksbirmingham.com).*

Die zweitgrößte Stadt des Landes war im 18. Jh. ein führendes Industriezentrum. Überbleibsel davon sieht man heute noch am *Brindleyplace* und um das *Gas Street Basin,* wo sich an den Kanälen Gaststätten und Geschäfte angesiedelt haben.

WOHIN ZUERST?

Ins **Zentrum,** wo du durch die Fußgängerzone, das Bullring-Einkaufszentrum und über die Märkte (Bullring Market, Rag Market) schlenderst. Anschließend geht es auf einen Kaffee an die **Kanäle,** z. B. den Gas Street Basin. Fahr mit Bahn oder Bus bis New Street Station, oder park im Bullring Centre, Moor Street.

SIGHTSEEING

MUSEUM OF THE JEWELLERY QUARTER

Die frühere Schmuckfabrik Smith and Pepper ist zu einem Museum umgebaut worden. Das Werk schloss in den Achtzigerjahren quasi über Nacht, weshalb noch das gesamte Inventar erhalten ist. Auch wenn hier kein Schmuck mehr fabriziert wird, gibt es in der Gegend um die Vyse Street noch zahlreiche kleine Juwelierwerkstätten. *Di–Fr 10.30–16, Sa 10.30–17 Uhr | Eintritt £ 7 | 75–79 Vyse Street | jewelleryquarter.net |* ⏱ *1 h*

LIBRARY OF BIRMINGHAM

Selbst wenn du nicht vorhast, hier etwas auszuleihen – die größte öffentliche Bibliothek Großbritanniens ist eines der architektonischen Highlights der Stadt. Sie beherbergt die wichtigste Shakespeare-Sammlung des Landes und ist außerdem Standort des *Shakespeare Memorial Rooms:* Dieser holzvertäfelte Raum entstand ursprünglich 1882 für die erste Zentralbibliothek Birminghams. Sie überstand deren Abriss und auch den Umzug in das neue Gebäude. *Mo–Sa 11–17 Uhr (Mo/Di bis 19 Uhr) | Centenary Square/Broad Street*

BACK TO BACKS

Schlendre durch das Birmingham der industriellen Revolution: Diese Wohnhäuser sind so hergerichtet, wie sie im 19. Jh. zahlreichen Einwohnern als Bleibe dienten. Geführte Touren versetzen dich sehr anschaulich zurück in die Vergangenheit. *Di–Fr*

13–17, Sa/So 10–17 Uhr, Jan. geschl., Vorabbuchung erforderlich unter Tel. 0121 6 66 76 71 oder backtobacks@ nationaltrust.org.uk | Eintritt £ 8,65 | 55–63 Hurst Street, 50–54 Inge Street | nationaltrust.org.uk/birmingham-back-to-backs | ⏱ 1 h

THINKTANK
Ein Wissenschafts- und Technikmuseum zum Anfassen und Mitmachen. Mehr als 200 interaktive Displays bieten Abwechslung, außerdem gibt es ein Planetarium und ein Imax-Kino. Tgl. 10–17 Uhr | Eintritt £ 14 | Millennium Point | birminghammuseums. org.uk/thinktank | ⏱ 2 h

JAGUAR MANUFACTURING TOUR
Birmingham ist als Industriezentrum bis heute einer der wichtigsten britischen Automobilstandorte. Die Edelmarke Jaguar lässt sich dabei hinter die Kulissen schauen. Die Tour in der Fabrik Castle Bromwich zeigt, wie einer der teuersten britischen Wagen entsteht. Mo–Do 9, 13 Uhr, nur nach Voranmeldung | Eintritt 49 £ | Chester Road, Castle Vale | Tel. 0121 7 86 60 00 | castlebromwich.jaguar experience.com/tours/index.html | ⏱ 3 h

ESSEN & TRINKEN

PURNELL'S
Hervorragendes Restaurant in der Innenstadt mit moderner britischer Küche, das sogar einen Michelinstern erhalten hat. Die Karte ist nicht umfangreich, aber jedes Gericht (Fleisch, Fisch) ist eine Offenbarung. 55 Cornwall Street | Tel. 0121 2 12 97 99 | purnellsrestaurant.com | €€€

THE WAREHOUSE CAFÉ
Alteingesessenes vegetarisches und veganes Restaurant mit internationaler Küche im Zentrum, das lokale Produkte und überwiegend Biolebensmittel verwendet. Untergebracht ist es in einem alten Lagerhaus – was den Namen erklärt. 54–57 Allison Street | Tel. 0121 6 33 02 61 | thewarehousecafe.com | €

SHOPPEN

CUSTARD FACTORY
In dem viktorianischen Fabrikgebäude produzierte Sir Alfred Bird einst sein berühmtes Puddingpulver – heute ist die Custard Factory ein Kulturkomplex mit vielen kleinen, originellen Läden: In der Candy Factory z. B. bekommst du Weingummi aus dem 3-D-Drucker, im Board Game Café kannst du nicht nur aus 500 Spielen wählen, sondern obendrein zwischen zehn Sorten Bier und Cider vom Fass. Gibb Street | custardfactory.co.uk

BULL RING
In der zentralen Einkaufsgegend findest du Shops fast jeder in England präsenten Marke – v. a. aber eine der wenigen Dependencen des Londoner Megakaufhauses Selfridges. Selbst wenn du nichts kaufen willst, sieh dir die Fassade von außen an. Die stark gewölbte Konstruktion besteht aus 15 000 Aluminiumtellern und wird immer wieder zu einem der besten Einkaufsorte der Welt gekürt.

Boote wie Baguettes: In einem der *narrow boats* entdeckst du Birminghams Wasserseite

SPORT & SPASS

KANALFAHRT ★

Mit 60 km Länge besitzt Birmingham tatsächlich ein größeres Netz an Kanälen als Venedig. Typisch sind die schmalen, langen Boote darauf, mit denen früher Waren transportiert wurden, heute sind es Touristen. Die Fahrt damit bietet nicht nur den Blick auf hübsche Häuser, sondern ist auch ein angenehmer Kontrast zum wuseligen Treiben in der Innenstadt. *Ostern–Okt. | £ 8 | International Convention Centre Quayside | sherbornewharf. co.uk*

AUSGEHEN & FEIERN

Die meisten Clubs, Kneipen und Restaurants finden sich rund um die Broad Street. Ein angesagter Club ist das *Lab11 (Trent Street),* den Abend beginnen viele in einer angesagten Bar wie dem *Walkabout (Broad Street).*

RUND UM BIRMINGHAM

4 ALTHORP

80 km/60 min von Birmingham (Auto)
Die 1997 bei einem Autounfall in Paris verstorbene Prinzessin Diana verbrachte viele Jahre ihrer Kindheit auf dem Familiensitz Althorp (16. Jh.). Auf einer Insel mitten im See liegt auch ihr Grab. Earl Spencer, Dianas Bruder, ließ die ehemaligen Ställe in ein Museum mit ihren Kleidern und Fotos umwandeln, schloss es jedoch 2013 wieder, um den ausufernden Fantou-

Anne Hathaway zog ihr Cottage in Stratford dem Großstadtleben vor

gen wie Falkenfliegen, historisches Kochen und Ritterturniere. *Tgl. 10–17 Uhr | Eintritt £ 20 | warwick-castle.co.uk | ⏱ 2 h | 🗺 L13*

6 STRATFORD-UPON-AVON ⭐

60 km/45 min von Birmingham (Auto)
Stratford-upon-Avon (23 000 Ew.) ist die Stadt William Shakespeares. Der große Schriftsteller kam 1564 hier am Fluss Avon zur Welt. Die ersten 30 Jahre seines Lebens verbrachte er hier und kehrte noch einmal von 1610 bis zu seinem Tod am 23. April 1616 zurück. Alles in der Stadt ist mit dem Wirken Shakespeares und seiner Familie verbunden: das *Geburtshaus* in der Henley Street mit dem Museum über sein Leben, *Hall's Croft*, das Haus seiner Tochter in der Old Town Street, und das mit Schilf gedeckte *Cottage seiner Frau* Anne Hathaway im Ortsteil Shottery. Seine Mutter wohnte in Glebe Farm, nun *Farm Mary Arden (fünf Museen mit unterschiedlichen Öffnungszeiten, meist tgl. 10–17 Uhr | Ticket für alle Häuser £ 23, Geburtshaus £ 18 | shakespeare.org.uk).* Im *Royal Shakespeare Theatre, Courtyard Theatre* und *Swan Theatre (alle: Tel. 0844 8 00 11 10 | rsc.org.uk)* halten die besten Schauspieler und Regisseure des Landes die Werke des Dichters lebendig. *🗺 K13*

7 ALTON TOWERS 🎭

75 km/1 h 10 min von Birmingham (Auto)
In Englands meistbesuchtem Themenpark erwarten dich besonders rasante Fahrten durch Wasser, Höhlen und vereiste Gewölbe. Gleich acht

rismus einzudämmen. Heute können im Sommer noch der schöne Garten und einige Privaträume besichtigt werden. *Juli/Aug. tgl. 12–17 Uhr | Eintritt £ 20 | spencerofalthorp.com | ⏱ 2 h | 🗺 M13*

5 WARWICK CASTLE

55 km/40 min von Birmingham (Auto)
Die von Wilhelm dem Eroberer 1068 erbaute Festung ist die am besten erhaltene englische Burg des Mittelalters. Ihr zu Füßen hat sich im Lauf der Jahrhunderte ein hübscher, kleiner Ort entwickelt. In Warwick Castle sind Gemälde, Möbel und Rüstungen zu sehen, zusätzlich gibt es Veranstaltun-

Achterbahnen lassen dir mitunter den Atem stocken, außerdem fährt eine Gondelbahn übers Gelände. *April–Okt. tgl. 10–17 Uhr | Familienticket £ 206, bei Vorabbuchung sparst du fast 50 % | Alton | altontowers.com | ⌖ K11*

CHELTENHAM

(⌖ K14) **Cheltenham (115 000 Ew.) ist so etwas wie das Baden-Baden Englands: Schon Königin Victoria, Jane Austen und Charles Dickens kurten hier.**

Bis heute ist die elegante Bäderstadt mit den vielen Parks für ihre Literaturfestivals *(Mitte Okt. | cheltenhamfestivals.com)* sowie für ihre Jazz- und Folkkonzerte berühmt, die in der barocken *Town Hall* und im 1830 fertiggestellten *Pittville Pump Room* stattfinden. An vielen Wochenenden ist die Pferderennbahn die Attraktion. Außerdem ist der Ort ein idealer Ausgangspunkt für Ausflüge in die ⭐ *Cotswolds*, die von Gras und Hügeln geprägte Landschaft zwischen Avon und Themse.

SIGHTSEEING

PITTVILLE PUMP ROOM

Das letzte der in Cheltenham errichteten Kurgebäude wurde 1830 auch zum schönsten. Der *Pittville Pump Room* ist mit seinen Eingangssäulen und der zentralen Kuppel angelehnt an andere Bauwerke des Englands dieser Zeit. Heute wird er v. a. als Veranstaltungsgebäude genutzt – du kannst ihn wochentags aber auch besichtigen.

Drumherum bietet sich *Pittville Park* für einen ausgiebigen Spaziergang an. *Mo–Fr 10–17.30, Sa 9.30–17 Uhr | Eintritt frei | East Approach Drive | pittville pumproom.org.uk*

HOLST BIRTHPLACE MUSEUM

In diesem Haus wurde der englische Komponist Gustav Holst geboren, der u. a. mit seiner Orchestersiute *Die Planeten* bekannt wurde. Das Museum ist ein Spiegel des Lebens im 19. Jh. – mit funktionsfähiger Küche, Schlafzimmer, Salon – und dem Flügel, an dem Holsts Melodien entstanden. *Di–So 10.30–16 Uhr | Eintritt £ 7 | 4 Clarence Road | holstmuseum.org.uk | ⏱ 1 h*

ESSEN & TRINKEN

LE CHAMPIGNON SAUVAGE

Klares Design, schnörkellose Gerichte: Dieses von der französischen Küche beeinflusste Lokal wurde mehrfach für seine fein aufeinander abgestimmten Menüs ausgezeichnet. *24 Suffolk Road | Tel. 01242 57 34 49 | lechampignonsauvage.co.uk | €€–€€€*

SPORT & SPASS

SANDFORD PARKS LIDO 👪

Eines der größten Freibäder des Landes liegt umrahmt vom Landschaftsgarten in Sandford Park. Du triffst auf beheizte Außenpools, Basket- und Volleyballfelder, Tischtennisplatten – und ein herrliches, leicht antiquiertes Ambiente. *Mo, Mi, Fr 6.30–9 u. 11–19.30, Di, Do 6.30–8 u. 9.30–19.30, Sa 11–19.30, So 8–9.30 u. 11–19.30 Uhr |*

Eintritt £ 4,20 | Keynsham Road | sand ford parkslido.org.uk

RUND UM CHELTENHAM

8 BROADWAY

30 km/35 min von Cheltenham (Auto)
Einer der beliebtesten Orte der Cotswolds, vor allem wegen der vielen Antiquitätengeschäfte. Vom *Broadway Tower (tgl. 10–17 Uhr | Eintritt £ 5 | broad waytower.co.uk)* hast du einen phantastischen Blick auf das Severn-Tal. Auch in den Untergrund kannst du schauen: An den Wochenenden *(April–Okt.)* wird ein früherer Atombunker auf dem Gelände geöffnet.
Das *Mount Inn (Tel. 01386 58 43 16 | themountinn.co.uk | €€)* in *Stanton* (5 km von Broadway) bietet leckeres Essen von Fisch bis Steak und einen genialen Blick auf die honiggelben Fassaden der Cotswolds. ⌖ *K14*

9 BOURTON-ON-THE-WATER

25 km/30 min von Cheltenham (Auto)
Der Beiname „Venedig der Cotswolds" ist vielleicht etwas übertrieben, aber entlang des Flüsschens Windrush ist im Lauf der Jahrhunderte ein bilderbuchhafter Ort aus Sandsteingebäuden entstanden, der zu den Höhepunkten der Gegend zählt. Hier findest du auch das *Cotswold Motor Museum (Feb.–Nov. 10–18 Uhr | Eintritt £ 6,50 | The Old Mill | cotswold motoringmuseum.co.uk | ⌚ 1 h)*, das u. a. alte britische Autos zeigt. ⌖ *K14*

10 BIBURY

35 km/35 min von Cheltenham (Auto)
Der Künstler William Morris (1834–1896), berühmt für sein Tapeten- und Stoffdesign, bezeichnete Bibury einst als schönstes Dorf Englands. Das könnte heute noch gelten – dank sandfarbener Steinhäuser und einer bunten Blumenpracht. Was weniger bekannt ist: Bibury ist einer der größten Orte für die Forellenzucht in England. Rund 10 Millionen werden jährlich gezogen, auf der *Bibury Trout Farm (tgl. 8–16 Uhr, März/ Okt. bis 17 Uhr, April–Sept. bis 18 Uhr | Eintritt 4,50 £ | biburytroutfarm.co.uk)* kann man sehen, was dafür alles notwendig ist.
Im 3 km südwestlich von Bibury gelegenen *Barnsley* (B 4425) ist der *Village Pub (Tel. 01285 74 04 21 | €€)* eine Einkehr wert – wegen seines sensationell guten Essens. Das ist kein Zufall, denn der Koch stand früher in Londoner Spitzenrestaurants am Herd. ⌖ *K15*

11 COTSWOLD WATER PARK

40 km/40 min von Cheltenham (Auto)
Windsurfen, Segeln, Wasser- und Jetski: In dieser idyllischen Seenlandschaft kannst du dich verausgaben. Wenn du lieber an Land bleiben willst, kannst du die Leihräder von *Bainton Bikes (baintonbikes.com)* nutzen, die sich per App entsperren lassen. *Südlich Cirencester an der A 419 | water park.org |* ⌖ *K15*

12 PAINSWICK

17 km/20 min von Cheltenham (Auto)
Painswick (17 km) könnte auch eine Filmkulisse sein: Der kleine Ort aus Sandsteincottages und Fachwerkhäu-

Auch Oxford hat seine „Seufzerbrücke" – sie verbindet zwei Gebäude des Hertford College

sern wirkt so perfekt, als sei er inszeniert. Außergewöhnlich dank kleiner Häuschen und wunderschöner Pflanzen ist der *Painswick Rococo Garden (Jan.–Okt. tgl. 11–17 Uhr | Eintritt £ 9 | rococogarden.org.uk)* aus dem 18. Jh. Mit seinen geometrischen Wegen und Beeten ist er sogar im Winter ein tolles Ziel. *J15*

OXFORD

(L15) **Wann genau die Universität Oxford gegründet wurde, ist nicht exakt festzustellen – die ältesten Nachweise stammen aus dem 11. Jh. Fakt jedoch ist, dass** ⭐ **Oxford (150 000 Ew.) eine einzigartige Institution ist – die älteste englischsprachige Universität der** **Welt und britische Eliteschmiede. Allein das Christ Church College hat 13 Premierminister hervorgebracht, insgesamt waren es in der Stadt 28.**

Am besten lernst du Oxford auf einer Stadttour kennen. *Footprint Tours (Sept.–Juni tgl. 11, 12.30, 14, Sa/So auch 15.30 Uhr | 5 Broad Street | footprints-tours.com)* bietet einfache kostenlose Führungen an: Am Ende zahlst du nur, was es dir wert war – oder gar nichts. Wer die Möglichkeit hat, sollte im Mai oder Juni kommen, wenn die Studenten Kähne auf der Themse staken und Theateraufführungen in den College-Gärten stattfinden. Und wer beim College-Bummel sparen will: Einige wenige erheben nur eine bescheidene Eintrittsgebühr – Merton College (Merton Street), University College

Christ Church College ist eines der größten und bedeutendsten Colleges Oxfords

(High Street) und New College kosten lediglich zwischen 2 und 4 £ Eintritt. Ausführliche Informationen findest du im MARCO POLO Band „Oxford".

SIGHTSEEING

ASHMOLEAN MUSEUM

Ein Museum internationalen Rangs: Zu bewundern sind in 39 Galerien kostbare Skulpturensammlungen, Keramik, chinesische und islamische Kunst und Textilien. Ein Dachrestaurant mit großer Terrasse bietet einen großartigen Blick. *Di–So 10–17 Uhr | Beaumont Street | Eintritt frei | ashmolean.org |* ⏱ *2 h*

SHELDONIAN THEATRE

Der runde Bau ist ein Frühwerk von Christopher Wren, dem Erbauer der Londoner St.-Paul's-Kathedrale, und eines der wichtigsten Gebäude der Universität. Hier finden die feierliche Übergabe der Diplome und alljährlich im Juni die Verleihung von Ehrentiteln statt. *Mo–Sa 10–16.30, Mai–Sept. auch So, Dez./Jan. bis 15 Uhr | Eintritt £ 3,80 | Broad Street | sheldon.ox.ac. uk |* ⏱ *30 min*

UNIVERSITY CHURCH OF ST. MARY

Sie mag nur ein ganz normales gotisches Gotteshaus sein, doch vom Turm der Universitätskirche hast du einen phantastischen Blick über Oxford. Der Bau, zu dem ein ganz guter *coffee shop* gehört, stammt aus dem 13.–15. Jh. *Mo–Sa 9.30–17, So 11.30–17, Juli/Aug. bis 18 Uhr | Turmbesteigung £ 4–5 | High Street | university-church. ox.ac.uk |* ⏱ *30 min*

BOTANISCHER GARTEN & MAGDALEN COLLEGE

Der Park wurde 1621 als erster botanischer Garten Englands eröffnet; die Pflanzen benötigte man für medizinische Zwecke und den Botanikunterricht *(tgl. 9–16, Mai–Aug. bis 18 Uhr | Eintritt £ 5,45 | botanic-garden.ox.ac. uk).* Gleich gegenüber liegt das *Magdalen College (tgl. 13–18 Uhr oder bis Einbruch der Dunkelheit, Juni–Sept. tgl. 10–19 Uhr | Eintritt £ 7)* mit einem Glockenturm aus dem 15. Jh. Hier singt am 1. Mai der Chor lateinische Choräle. Das College hat eine riesige Parkanlage, die Ausgangspunkt für einen Spaziergang entlang dem Fluss Cherwell ist. ⊙ *2 h*

CHRIST CHURCH COLLEGE

Sicherlich das großartigste aller Colleges, 1525 von Kardinal Wolsey gegründet. Dieser führte auch die Verhandlungen um die Scheidung Heinrichs VIII. von Katharina von Aragon, die die Loslösung der englischen Kirche von Rom zur Folge hatte. Die Turmglocke, Great Tom, läutet jeden Abend um 21.05 Uhr genau 101-mal, denn früher studierten hier 101 Studenten. Der ungewöhnliche Zeitpunkt hat seine Bewandnis, denn Oxford liegt fünf Minuten westlich von Greenwich, sodass es genau 21 Uhr Oxford-Zeit ist. Sehenswert sind die *Great Hall,* Vorbild für die Mensaszenen der Harry-Potter-Filme, *Christ Church Cathedral* (12. Jh.) und die *Picture Gallery* mit Gemälden und Zeichnungen u. a. von da Vinci und Dürer. *chch.ox.ac.uk; College: Mo–Sa 10–17, So ab 14 Uhr | Eintritt £ 15 |* ⊙ *1 h*

ESSEN & TRINKEN

BROWNS

Die englische Brasserie in einer früheren Morris-Autowerkstatt ist ein Phänomen: Seit ihrer Eröffnung gilt sie in Oxford als Institution, bietet fein gewürzte englische Küche mit einem

PUBLIC SCHOOLS

Der Name ist verwirrend, denn *public schools* (wörtlich übersetzt: öffentliche Schulen) sind Privatschulen. In vergangenen Jahrhunderten unterschied man mit diesem Begriff zwischen jungen Adligen, die auf eine Schule gingen, und denen, die zu Hause von Privatlehrern unterrichtet wurden. Eine angesehene *public school* ist die 1552 gegründete Shrewsbury School, die am hohen Severn-Ufer in einem 60 ha großen Gelände liegt. Berühmtester ehemaliger Schüler ist der Evolutionswissenschaftler Charles Darwin. Die bekannteste *public school* ist Eton College bei Schloss Windsor, die für die Prinzen William und Harry die natürliche Wahl war ebenso wie für zig spätere Premierminister. Im 19. Jh. stählten diese Kaderschmieden des britischen Weltreichs junge Männer für zukünftige Aufgaben in fernen Ländern. Heute gibt man sich moderner, öffnet auch für Mädchen die Pforten und ist im nicht kolonialen Sinn weltoffen: Seit 2003 hat Shrewsbury School eine Filiale in Bangkok.

Gut zum Selbstversorgen und für nette Kuchenpausen – Oxfords Markthalle

Hauch Cuisine française. Guter *afternoon tea! 5–11 Woodstock Road | Tel. 01865 51 19 95 | browns-restaurants. co.uk | €–€€*

TURF TAVERN

Hübsch verstecktes Haus aus dem 13. Jh. in einer Gasse abseits der Holywell Street. Die kurze Suche lohnt sich, vor allem wegen des Biergartens im Sommer. Es gibt klassische Pubküche und viele Biere vom Fass. *4 Bath Place | Tel. 01865 24 32 35 | short.travel/eng18 | €*

SHOPPEN

MARKTHALLE

Die schönen Lebensmittelstände und preiswerten Cafés in der alten Markthalle zeigen, dass Oxford nicht nur Geistiges im Sinne hat. Eine Treppe führt zum gemütlichen *Georgina's (€)* in der ers-

ten Etage. Hier triffst du Studenten bei einer Kuchenpause. *High Street*

SPORT & SPASS

Punting, also mit gestakten Kähnen umherschippern, ist bei Studenten beliebt, aber auch Besucher können sich darin versuchen. Allerdings ist es nicht ganz einfach, denn man kann leicht abdriften. Einen Bootsverleih gibt es bei der Magdalen Bridge *(Tel. 01865 20 26 43)*. Im Sommer ist ein Versuch beim *Cherwell Boat House (Bardwell Road | Tel. 01865 51 59 78 | £ 17–22/Std.)* zu empfehlen.

Gut 30 Minuten *punting* und kurz über die Wiese führen zum ⚑*Victoria Arms Pub (victoriaarms.co.uk)*, wo das Kaminfeuer brennt und leckere selbst gemachte Pies aus der Küche getragen

INSIDER-TIPP
Punting zum Pie

werden. Mit seinem großen Garten ist der Pub aber auch perfekt für einen Sommerdrink. Oliver Cromwell soll hier 1646 darauf gewartet haben, Oxford zu befreien. Wer nicht selbst staken will, kann sich ein Boot mit *punter* mieten *(£ 32/30 Min.)*. Laufen geht natürlich auch …

AUSGEHEN & FEIERN

SHAKESPEARE IM GARTEN

An Sommerabenden finden Freilichttheateraufführungen (u. a. Shakespeare) in den Collegegärten statt. *creationtheatre.co.uk*

RUND UM OXFORD

13 BLENHEIM PALACE

15 km/20 min von Oxford (Auto)
Auf dieses Anwesen blickt manches Adelsgeschlecht ein wenig neidvoll: Blenheim mit seinem weitläufigen Park zählt zu den imposantesten Gebäuden seiner Art. John Churchill, Herzog von Marlborough, erhielt als Dank für seinen Sieg über die Franzosen in der Schlacht von Blenheim 1704 Geld, um sich diesen Palast zu bauen. Die Architekten schufen ein Meisterstück barocker Baukunst. Bekannt ist Blenheim Palace aber vor allem als Geburtsort von Winston Churchill. Seine Sammlung von Briefen, Büchern und Gemälden ist sehenswert. Witzig sind die Reiseberichte an seinen Vater, in denen der junge Churchill akribisch

beschreibt, wo das ganze Geld geblieben ist. Blenheim ist mit einer Schmalspureisenbahn, einem 850 ha großen Park und dem größten Irrgarten der Welt auch ein schönes Ausflugsziel für Kinder. *Tgl. 10.30–17 Uhr | Eintritt Palast und Garten £ 28,50 | blenheimpalace.com | ◷ 3 h | ▱ L14*

14 WADDESDON MANOR

45 km/45 min von Oxford (Auto)
Willkommen in Frankreich: Das Renaissanceschlösschen der Familie Rothschild aus dem im 19. Jh. könnte äußerlich genauso gut jenseits des Ärmelkanals stehen. Auch innen ist das Haus ganz unbritisch mit dem Prunk vergangener Tage ausgestattet. *Apr.–Okt. Mi–So 10–17 Uhr | Eintritt £ 21 (online reservieren!) | waddesdon.org.uk | ◷ 3 h | ▱ M14*

SCHÖNER SCHLAFEN IM WESTEN

DIESES HOTEL IST KEINE STRAFE!

Aus dem Hotel *Malmaison (94 Zi. | 3 New Road | Oxford Castle | Tel. 01865 68 99 44 | malmaison.co.uk | €€€)* in Oxford möchte mancher gar nicht mehr raus – früher aber kamen die Insassen auch nicht so einfach nach draußen: Der bis 1995 als Gefängnis benutzte viktorianische Bau, der an der Stelle einer Burg von 1071 errichtet wurde, erfuhr eine erstaunliche Wandlung zum schicken Boutiquehotel. Keine Sorge: Hinter Gittern must du hier nicht (mehr) übernachten.

DER OSTEN

DIE UNTERSCHÄTZTE KÜSTENREGION

Bei einer Fahrt durch das einstige Königreich East Anglia nordöstlich von London fallen die vielen Windmühlen auf, außerdem Fachwerkhäuser und hochherrschaftliche Anwesen. Ganz zu schweigen von den vielen mittelalterlichen Kirchen.

Die Landschaft ist sanfthügelig, der Himmel unendlich, was schon die berühmtesten *locals,* die Maler John Constable (1776–1837) und Thomas Gainsborough (1727–1788), inspirierte. Noch im Mittelalter war East Anglia der bedeutendste Wirtschaftsstandort Englands. Be-

Wind- und Wasserland mit einem weiten Himmel darüber – die Norfolk Broads

sonders begehrt war das in der Region hergestellte Tuch. Mit Erfindung der Dampf- und Webmaschinen aber wanderte die englische Textilindustrie nach Norden ab. Gut für die Besucher heute, denn viele bezaubernde Orte blieben in ihrem Aussehen erhalten wie die mittelalterliche Kathedralenstadt Norwich. Obwohl nach außen das Mittelalter-Image gepflegt wird, sind die Städte ausgesprochen dynamisch. So hat sich Cambridge zum englischen Silicon Valley entwickelt. Auch das Pferdesportzentrum in Newmarket ist Weltspitze.

DER OSTEN

MARCO POLO HIGHLIGHTS

★ **CAMBRIDGE**
Universitätsstadt mit der weltweit
bekannten Eliteschmiede ➤ S. 88

★ **NEWMARKET**
Pferderennen im berühmtesten
Reitsportzentrum der Welt ➤ S. 91

★ **NORWICH**
Die mittelalterliche Stadt hat die
meisten Kirchen im Land ➤ S. 94

★ **NORFOLK BROADS**
42 Seen und ein Labyrinth von
Wasserwegen ➤ S. 96

Hunstanton

Burnham Thorpe **11**

12 Sandringham House

13 King's Lynn

Swaffham

Downham Market

UNITED
KINGDOM

Brandon

Thetford

Chatteris

1 Ely

Mildenhall

St Ives

Soham

Huntingdon

Bury
St Edmunds

2 Newmarket ★

Cambridge ★
S. 88

Lavenham **5**

Long Melford **6**

Haverhill

Sudbury

Royston

30 km, 40 Min.

Baldock

100 km, 1 Std. 20 Min.

M11

A1(M)

Buntingford

Halstead

10 mi
10 km

Braintree

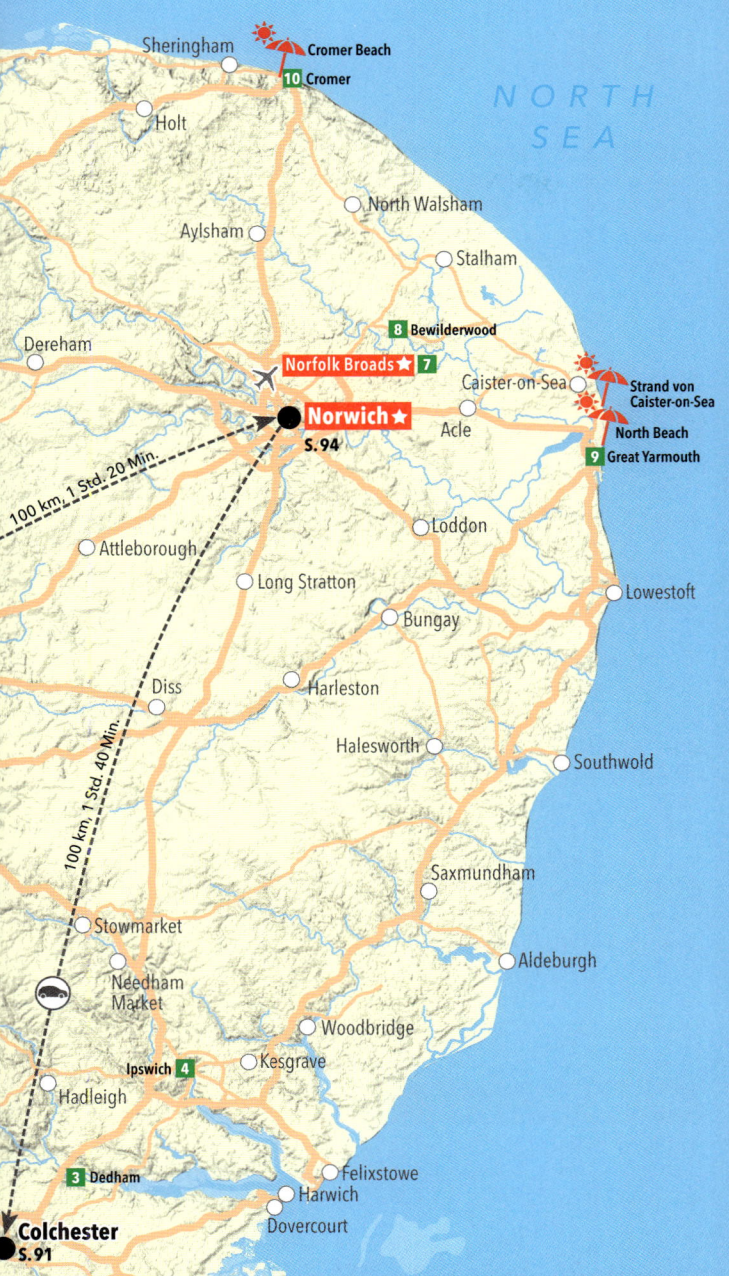

CAMBRIDGE

(🕮 O13) **Die weltberühmten Colleges und ihre Studenten bestimmen bis heute die Atmosphäre von** ⭐ **Cambridge (130 000 Ew.).**
Die ideale Einstimmung auf die Stadt ist eine Fahrt in einem der *punts,* den flachen Stechkähnen auf dem Fluss Cam. Leih dir an der *Silver Street Bridge* ein Boot (s. S. 90), und gleite unter der Bridge of Sighs, einem Nachbau der venezianischen Seufzerbrücke (1831), durch und an Gärten und Collegegebäuden vorbei. Die Geburtsstunde der Universität lässt sich genau festmachen. Angeblich hatte ein Oxforder Student im Jahre 1209 eine Bewohnerin Oxfords ermordet. Daraufhin ergriffen die wütenden Städter den – wie sich später herausstellte – unschuldigen Studenten und henkten ihn. Das veranlasste eine Gruppe seiner Kommilitonen, der unwirtlichen Stadt den Rücken zu kehren und sich in Cambridge anzusiedeln. Insofern gilt als Gründungsjahr der University of Cambridge das Jahr 1209 – damit ist sie nach Oxford die zweitälteste Uni in der englischsprachigen Welt. Berühmte Wissenschaftler, Künstler, Philosophen und Politiker, darunter mehr als 60 Nobelpreisträger, lernten und lehrten hier. Ausführliche Informationen findest du im MARCO POLO Band „Cambridge".

SIGHTSEEING

KETTLE'S YARD
„Jim" Ede, ein ehemaliger Angestellter der Tate Gallery in London, stellte 1957 sein Haus jungen Künstlern zum Leben und Arbeiten zur Verfügung. Das Resultat ist eine interessante Sammlung der Kunst des 20. Jhs. 1966 stiftete die Familie Haus und Sammlung der Uni, die sie für die Öffentlichkeit zugänglich machte. *Di–So 11.30–17 Uhr | Eintritt frei | Castle Street | kettlesyard.co.uk |* 🕓 *1 h*

TRINITY COLLEGE
1546 von Heinrich VIII. gegründet, ist dieses College das größte überhaupt, mit einem gigantischen Innenhof, dem Great Court (10 000 m²). Rechts vom Eingang steht ein Ableger jenes Apfelbaums, der durch Trinity-Student Isaac Newton berühmt wurde. Unter dem Baum liegend soll er das Prinzip der Schwerkraft entdeckt haben, nachdem ihm ein Apfel auf den Kopf gefallen war. Christopher Wren, Architekt von St. Paul's in London, baute die ❤ *Bibliothek,* in der mehr als 55 000 vor 1820 gedruckte Bücher gehütet werden. Darunter das Original von „Winnie the Pooh", der Geschichte des kleinen Bären. Der Chor des King's College Cambridge, der vielleicht beste Englands, singt im ❤ *Gottesdienst (Di–Sa 17.30, So 10.30, 15.30 Uhr)* während des Semesters. Wer ihn besucht, zahlt keinen Eintritt für die Kapelle und erlebt sie von ihrer bewegendsten Seite. *Tgl. 10–16.30 Uhr | Eintritt £ 3, Bibliothek frei | Trinity Street | trin.cam.ac.uk*

KING'S COLLEGE
Heinrich VI. legte 1440 den Grundstein dieses Colleges, und so ziert seine Statue den Innenhof. Mehrere Kö-

In Cambridge fahren Studenten Rad. Beim Parken vorm King's College gilt freestyle

nige nach ihm setzten das grandiose Bauwerk fort. Zu den berühmten Absolventen gehören der Schriftsteller E. M. Forster, Filmregisseur Derek Jarman und der Ökonom John Maynard Keynes. Die Kapelle mit ihren Glasfenstern (16. Jh.) und dem Fächergewölbe zählt zu den schönsten Bauwerken Englands. Es gibt eine kleine Ausstellung zur Geschichte des Baus. *Tgl. 9.30–16.30, im Semesters bis 15.30, So 13.15–14.30 Uhr | Eintritt £ 9 | King's Parade | kings.cam.ac.uk | ⏱ 1 h*

FITZWILLIAM MUSEUM

Viscount Fitzwilliam hinterließ der Universität 1816 seine wertvolle Sammlung europäischer Malerei, griechischer, römischer und ägyptischer Skulpturen und chinesischen Porzellans. Später kamen Bilder der Impressionisten dazu, antike Möbel und Waffen. Der Bau war eines der ersten öffentlichen Museen des Lands. *Di–Sa 10–17, So 12–17 Uhr | Eintritt frei | Trumpington Street | fitzmuseum.cam.ac.uk | ⏱ 2 h*

ESSEN & TRINKEN

MIDSUMMER HOUSE

Das mit zwei Michelinsternen ausgezeichnete Restaurant bietet die beste Küche der Region. Manche sagen auch, die beste Weinkarte außerhalb Paris. Das hat natürlich seinen Preis, und du musst reservieren. *Midsummer Common | Tel. 01223 36 92 99 | midsummerhouse.co.uk | €€€*

THE CLARENDON ARMS

Egal, was du in diesem urigen Pub isst – lass noch Platz für einen Apple

Punting auf dem Fluss Cam ist (nicht nur) bei Studenten beliebt, aber nicht ganz einfach

Crumble zum Nachtisch. Der ist der perfekte Abschluss dieses durchaus gelungenen Sammelsuriums der englischen Küche. *Clarendon Street | Tel. 01223 77 82 72 | theclarendon arms.com | €€*

SPORT & SPASS

FAHRRADFAHREN

Alle in Cambridge fahren Rad, wenn sie nicht gerade *punten*. Auch in der Umgebung radelt es sich gemütlich, denn die Gegend ist flach. Fahrradverleih: *Rutland Cycling | Corn Exchange Street | Tel. 01223 30 76 55 | rutlandcycling.com*

PUNTING 🏴

Punting ist der Sport in Cambridge – immer amüsant, manchmal mit feuchtem Ende. Wer sich nicht zutraut,

selbst ein Boot zu steuern, kann Studenten anheuern, die diesen bevorzugten Ferienjob gern machen. Ein Tagestrip ist die Tour von Cambridge in das 6 km entfernte Grantchester mit obligatorischem Picknick am Fluss. *Bootsverleih: Anlegestellen an der Magdalen Bridge, am Pub Rat & Parrot, Jesus Green sowie für die Fahrt nach Grantchester an der Silver Street Bridge | £ 18/45 Min., £ 30 nach Grantchester Village und zurück | punting-in-cambridge.co.uk*

AUSGEHEN & FEIERN

EAGLE

Die Nobelpreisträger Francis H. Crick und James Watson sollen die Hälfte ihrer Zeit im Labor, die andere in diesem Pub aus dem 16. Jh. verbracht haben. Die beiden entdeckten die

Struktur der DNA, vielleicht bringt das Suffolk-B er auch dich auf kluge Gedanken? *8 Benet Street*

RUND UM CAMBRIDGE

1 ELY

30 km/30 min von Cambridge (Auto)

Einst hieß die Stadt auf dem Hügel, umgeben von Sumpf, Isle of Eel – Insel der Aale. Die Normannen erbauten 1083 die Kirche von Ely (10 000 Ew.) als Bischofssitz. Aufgrund des großen Pilgerstroms musste sie 1253 vergrößert werden. Das *Museum für Buntglasfenster (Mo–Sa 10.30–17, So 12–16.30 Uhr | Eintritt £ 4,50 | ◯ 1 h)* und das *Haus von Oliver Cromwell (April–Okt. tgl. 10–17, Nov.–März tgl. 11–16 Uhr | Eintritt £ 5,20 | 29 St. Mary Street | ◯ 1 h)* sind die Hauptsehenswürdigkeiten der Stadt. Wunderbar entspannen kannst du nach deren Besichtigung im liebevoll gestalteten Hafenviertel am Fluss Great Ouse. ▯ O13

2 NEWMARKET ⭐

25 km/25 min von Cambridge (Auto)

Newmarket (16 000 Ew.) ist seit dem 17. Jh. das Zentrum des königlichen Rennsports. Einen Eindruck der royalen Vergangenheit bekommst du im Touristenzentrum, das sich stilecht im *Palace House Mansion* befindet. Im Angebot ist eine Minibustour zu den Übungsplätzen und durch das *Nationalgestüt (März–Sept. und an Renntagen im Okt. tgl. 11.15 Uhr | Eintritt £ 15 | nationalstud.co.uk | ◯ 1 h)*. Das *Nationale Pferdesportmuseum (Mo–Sa 10–17, So 10–16 Uhr | Eintritt £ 15 | ◯ 2 h)* vermittelt einen guten Einblick in den Pferderennsport und die Aufzucht der kostbaren Vollblüter. ▯ O13

COLCHESTER

(▯ P14) **Colchester am Fluss Colne (150 000 Ew.) gilt als älteste Stadt Englands. Die Römer gründeten hier um 43 n. Chr. Camulodunum, den ersten Verwaltungssitz in Britannien.**

Heute locken Tudorhäuser, die Burg Colchester Castle, die Universität von Essex und die Nähe zu London jährlich mehr als vier Mio. Besucher hierher. Auch für Fährreisende, die im nahen Harwich ankommen, ist die Stadt erster lohnenswerter Anlaufpunkt auf der Insel. Denn nebenbei kannst du hier auch noch prima einkaufen.

SIGHTSEEING

FIRSTSITE

Dass dieser halbrunde, futuristische Bau bei seiner Eröffnung viel Kritik erntete, wundert kaum: Wie ein Raumschiff steht er im historischen Colchester und bietet innen (noch) nichts als moderne Kunst. Doch inzwischen hat sich Firstsite etabliert, die Wechselausstellungen und Kurse kommen an. *Di–So 10–17 Uhr | Eintritt frei | Lewis Gardens | High Street | firstsite.uk.net | ◯ 1 h*

An pastellfarbenen Fachwerkhäusern bummelst du in Lavenham vorbei

COLCHESTER CASTLE

Die Burg wurde um 1076 auf den Überresten eines römischen Claudius-Tempels erbaut und diente mehrere Jahrhunderte als Gefängnis, bevor sie Ende des 17. Jhs. von einem Privatmann erworben wurde. Heute sind hier historische Funde sowie wechselnde Ausstellungen zu sehen. *Mo–Sa 10–17, So 11–17 Uhr | Eintritt £ 10 | Castle Park | cimuseums.org.uk | ⏱ 1 h*

TOWN HALL

Das im Barockstil gehaltene Rathaus ist nicht nur von außen wegen seines Turms sehenswert. Im Inneren beherbergt es die *Moot Hall* mit einer alten Pfeifenorgel. *Mo–Fr 8–17 Uhr | Eintritt frei | High Street | colchester.gov.uk*

RÖMISCHE STADTMAUER

Viel ist aus der Zeit der römischen Herrschaft in Colchester mit ihren Theatern und Stadtvillen nicht geblieben. Doch immerhin sind noch Teile der alten Stadtmauer erhalten, die die Siedlung vor knapp 2000 Jahren umgab. Zu sehen am besten im Schlosspark und am Balkerne-Tor. In unregelmäßigen Abständen gibt es auch Führungen zum Thema (Infos im Information Centre). *Eintritt frei | romanwall.org*

ESSEN & TRINKEN

THE OLD SIEGE HOUSE

In diesem alten Fachwerkhaus mit dunklen Holzdecken und bleigefassten Fenstern erlebst du deftige britische Küche, aber exzellent zubereitet. Fisch, Lamm, Vegetarisches und am Wochenende echter *afternoon tea* mit einem Glas Champagner. *75 East Street | Tel. 01206 97 33 71 | theold siegehousebarandbrasserie.co.uk | €€*

RUND UM COLCHESTER

3 DEDHAM

15 km/15 min von Colchester (Auto)

Nicht nur die hübschen Fachwerkhäuser und Teestuben locken Besucher nach Dedham (2100 Ew.). Die Gegend ist auch eine Pilgerstätte für Kunstfans, denn einer der beliebtesten Maler Englands, John Constable, wurde 1776 im Nachbarort *East Bergholt* geboren. **Am Fluss Stour entlang führt ein schöner Wanderweg (ca. 30 Min.) nach *Flatford Mill*.** Die Mühle gehörte Constables Vater. ◫ *Q14*

SIDER-TIPP
Wandern zur Mühle

4 IPSWICH

30 km/30 min von Colchester (Auto)

Schon wieder ein Rekord: Ipswich (130000 Ew.) ist Englands älteste, nachweislich dauerhaft bewohnte Stadt – was bei Colchester nicht gesichert ist. Die Innenstadt mit ihren vielen alten Gebäuden ist vor allem wegen der zahlreichen kleinen, unabhängigen Geschäfte für Shoppingtouren beliebt. Der Hafen am Orwell-Fluss mausert sich seit einigen Jahren zum Ausgehviertel.

Christchurch Mansion (Feb.–Nov. Di–So 10–16, März–Okt. bis 17 Uhr | Eintritt frei | Soane Street | short.travel/ eng19 | ⏱ 1,5 h) ist ein beeindruckendes Tudoranwesen, das mit Möbeln und Bildern sehr anschaulich vom Leben vergangener Tage zeugt. ◫ *Q14*

5 LAVENHAM

30 km/40 min von Colchester (Auto)

Unter den vielen Bilderbuchdörfern im Süden der Grafschaft Suffolk sticht Lavenham (1700 Ew.) besonders hervor. Mit seinen Reetdächern und blumengeschmückten Fachwerkhäusern ist es eines der beliebtesten Fotomotive. Der Ort erlebte seine Blütezeit im späten Mittelalter dank der Tuchindustrie. Viel über diese Zeit erfährst du im ansehnlichen Tudorgebäude der *Guildhall (März–Okt. tgl. 11–17, Nov./ Dez. Do–So 11–16, Jan./Feb. Fr–So 11– 16 Uhr | Eintritt £ 8,40)*.

Der *Farmers Market (4. So im Monat 10–13.30 Uhr | Church Street | ⏱ 45 min)* an der Lavenham Village Hall gilt als schönster der ganzen Grafschaft. *The Great House (Market Place | Tel. 01787 24 74 31 | greathouse. co.uk | €€–€€€)* ist ein tolles, französisch angehauchtes Restaurant in einem wunderschönen alten Gebäude. ◫ *P13*

6 LONG MELFORD

30 km/35 min von Colchester (Auto)

Die Geschäfte an der Hauptstraße machen das Örtchen Long Melford (3500 Ew.) zu einem echten Paradies für Antiquitätensammler.

INSIDER-TIPP
Gutes von gestern

Bekannt ist die *Holy Trinity Church*, eine Pfarrkirche mit den Ausmaßen einer großen Kathedrale. *Melford Hall (April–Okt. Mi–So 12–17 Uhr | Eintritt £ 9,50 | short.travel/eng23 | ⏱ 1,5 h)* ist ein stattliches Anwesen mit großem Park, das du besichtigen kannst. ◫ *P14*

NORWICH

(🕮 Q12) ⭐ **Im Mittelalter war die Domstadt nach London die zweitgrößte Stadt Englands.**

Heute bietet Norwich mit 140 000 Ew., 52 erhaltenen Kirchen aus dem Mittelalter, dem ältesten und größten Straßenmarkt Englands, mittelalterlichen Gassen und Häusern sowie der modernen Universität einen ziemlich perfekten Mix aus Geschichte, Kultur, Unterhaltung und Kommerz. Es heißt, Norwich habe für jeden Tag des Jahres einen Pub aufzuweisen und für jeden Sonntag eine Kirche.

SIGHTSEEING

BURG

Die massive Anlage (1160) thront über der Stadt und ist eines der am besten erhaltenen Beispiele normannischer Militärarchitektur. 700 Jahre diente sie als Gefängnis, heute beherbergt die Burg ein *Archäologisches Museum* und eine *Gemäldegalerie* (englische und niederländische Meister des 17./18. Jh.). Außerdem ist man stolz, die größte Teekannensammlung der Welt zu besitzen. *Mo–Sa 10–16.30, So 13–16.30 Uhr | Eintritt £ 9,90 | ⏱ 2 h*

ELM HILL

Der mittelalterliche Straßenzug war Wohnsitz aller Bürgermeister Norwichs und ist heute Zentrum des Antiquitätenhandels. Hier befindet sich das Gasthaus *Briton Arms,* in dem ursprünglich Nonnen wohnten. Das Gebäude der Kunstschule ist eines der wenigen Klöster, das nicht von König Heinrich VIII. zerstört worden ist. Die Stadt hatte es ihm für £ 80 abgekauft.

KATHEDRALE

Die große normannische Kathedrale wurde 1096 begonnen und in nur 50 Jahren errichtet. Durch die vergleichsweise kurze Bauzeit zeigt sich das Gebäude in einheitlichem Stil. Langhaus und Chor erhielten im 15. Jh. reiche spätgotische Fächergewölbe. Zum Morgen- und Abendgebet singt der Kathedralchor. Rund um die Kathedrale findest du gut erhaltene mittelalterliche Häuser. *Kathedrale tgl. 7.30–18 Uhr | Eintritt frei | cathedral.org.uk | ⏱ 1 h*

SAINSBURY CENTRE 👓

Sir Norman Foster, Architekt der Reichstagskuppel in Berlin, entwarf auch das Gebäude auf dem Campus der 1961 gegründeten University of East Anglia. Es beherbergt eine bemerkenswerte Sammlung von über 1200 Einzelstücken der Supermarktmillionäre Lord und Lady Sainsbury: Das Ehepaar trug im Lauf der Jahre Werke von Pablo Picasso, Edgar Degas, Alberto Giacometti und Henry Moore sowie Kunstwerke verschiedener Kulturen aus mehr als 1000 Jahren zusammen. *Di–Fr 10–18, Sa/So 10–17 Uhr | Eintritt frei | University of East Anglia | Earlham Road | scva.org.uk | ⏱ 2 h*

ESSEN & TRINKEN

ADAM AND EVE

Gutes Bier und eine vorzügliche Pubküche erwarten dich in der ältesten Kneipe der Stadt. Das Haus aus dem

13. Jh. ist gemütlich eingerichtet und familienfreundlich. Nichts für ein Candlelightdinner, aber sehr wohl für einen netten Abend zwischendurch. *17 Bishopsgate | Tel. 01603 66 74 23 | €*

GROSVENOR FISH BAR
Das beste Fish-&-Chips-Restaurant der Stadt, in dem man sich auch auf das Belegen von Sandwiches und das Rollen von Wraps versteht. *28 Lower Goat Lane | Tel. 01603 62 58 55 | €*

SHOPPEN

Norwich gehört zu den nettesten Shoppingstädten Englands. Individuelle Modegeschäfte sind z. B. in den *Norwich Lanes (abseits der Straße Pottergate)* und am *Timberhill* zu finden. Die ehemalige Postkutschenstation ist heute die elegante Einkaufspassage *Royal Arcade*.

SPORT & SPASS

GEISTERFÜHRUNGEN
Die Briten lieben Geistergeschichten, daher startet jeden Mo, Di, Do um 19.30 Uhr am Pub Adam and Eve am Bishopsgate eine Führung in die Gruselgeschichte von Norwich. *£ 8 | ghost walksnorwich.co.uk*

AUSGEHEN & FEIERN

THE WATERFRONT
Großer Club auf zwei Etagen mit einer Cafébar, Betreiber ist der Studentenverein. *Clubabende Fr/Sa, Livemusik an anderen Tagen | King Street | water frontnorwich.webflow.io*

Auf dem Markt in Norwich gibt's alles, was man so braucht – inklusive Plausch

RUND UM NORWICH

7 NORFOLK BROADS ⭐

13 km/20 min von Norwich bis Wroxham (Auto)

Die Seenplatte entstand, als sich die riesigen Torfgruben, die im 12. Jh. ausgehoben worden waren, mit Wasser füllten. Der Nationalpark zählt zu den größten Feuchtgebieten Englands und ist ein Paradies für Vogelfreunde. Zentrum der Broads ist das touristische *Wroxham.* Hier kannst du Boote aller Art mieten und die 180 km Wasserwege, die zwölf großen und 30 kleineren Seen *(broads)* durchschippern. In einem solarbetriebenen Boot wirst du auf umweltfreundliche Weise *(Juni–Sept. tgl. | Tel. 01603 75 60 94)* rund um den *Hoveton Great Broad,* einen der größten Seen der Gegend, geschippert. In den Broads liegen viele schnuckelige Dörfer, *Horning* z. B. mit Fischgrätfachwerkhäusern, dem *Teahouse* und dem *New Inn,* dem ältesten Pub der Gegend. ⅎ *Q–R11–12*

8 BEWILDERWOOD 👥

15 km/20 min von Norwich (Auto)

Englands erster Themenpark, der nach Prinzipien der Umweltfreundlichkeit und Nachhaltigkeit gebaut wurde. Luftbrücken über Nadelwäldern und dem Norfolker Marschland führen zu Baumhäusern. *April–Sept. tgl. 10–17.30 Uhr, Feb./März, Okt. einzelne Tage | Familienticket £ 62 | Horning Road | A 1062 zwischen Wroxham, Hoveton und Horning | bewilderwood.co.uk | ⅎ Q12*

9 GREAT YARMOUTH

40 km/45 min von Norwich (Auto)

Das Seebad (100 000 Ew.) östlich von Norwich ist das Wochenziel vieler Einheimischer. Der 🐦 *North Beach* am Pier ist ein feiner Sandstrand, der sich perfekt zum Wochenausklang eignet. Außerdem gibt es *Central* und *South Beach,* beide ebenfalls gut zum Entspannen, und gleich im Anschluss im Norden der oft beeindruckend schöne wie leere 🐦 *Strand von Caister-on-Sea.* Der Ort selbst bietet den üblichen Vergnügungsschnickschnack britischer Seebäder an mit Casinos und Wasserrutsche – aber auch eine Einkaufsgegend im Zentrum, die eine gute Abwechslung zum Sonnen am Strand sein kann. ⅎ *R12*

10 CROMER

40 km/45 min von Norwich (Auto)

Einer der Geheimtipps unter den englischen Seebädern: Cromer (8000 Ew.) ist ein verwinkelter Ort an der Nordküste mit einem wunderschönen viktorianischen Pier, das eine Seltenheit enthält: das letzte *Piertheater (Promenade | cromerpier.co.uk)* im Land. Mindestens ebenso schön sind die 🐦 *Strände des Ortes* sowie die kleinen Geschäfte und Lokale am Wasser. Bekannt sind sie vor allem für die Cromer-Krabbe, eine spezielle Krabbenart, die es hier das ganze Jahr über gibt. ⅎ *Q11*

11 BURNHAM THORPE

55 km/1 h von Norwich (Auto)

Für Liebhaber der Seefahrt und Bewunderer des berühmten Admiral Nelson ist dieser Abstecher ein Höhepunkt. Am

So schön es auf den Norfolk Broads auch ist – ein Landgang in Horning gehört dazu

29. September 1758 wurde Horatio Nelson in Burnham Thorpe geboren. Im Zentrum des idyllischen Dorfs befindet sich der *Lord Nelson Pub*, wo vor der Schlacht von Trafalgar das Abschiedsfest gefeiert wurde. Im Wald liegt die Kirche *All Saints*. Das Schiffskreuz, das während des Zweiten Weltkriegs auf der „Nelson" war, wurde 1955 anlässlich des 150. Jahrestags der Schlacht von Trafalgar der Kirche übergeben. *Houghton Hall (Ostern–Sept. Mi/Do, So 11.30–17, Fr/Sa 12.30–20 Uhr | Eintritt £ 18 | houghtonhall.com | ⏱2h)* ist ein prachtvoller Herrensitz aus dem 18. Jh. 🗺 *P11*

12 SANDRINGHAM HOUSE

70 km/1 h 10 min von Norwich (Auto)
Das edle Anwesen nahe der Küste Norfolks ist – anders als ihre Paläste – Privatbesitz der britischen Königsfamilie. Königin Victoria kaufte Sandringham 1862 für ihren Sohn, den späteren König Edward VII. Noch heute ziehen sich die Royals hierhin zurück, wenn sie unter sich bleiben möchten – unter anderem zu Weihnachten. Wenn dies nicht der Fall ist, kannst du das Anwesen besichtigen. *April–Okt. tgl. 10–17 Uhr | Eintritt £ 17,50 | sandringhamestate.co.uk | ⏱3 h | 🗺 P11*

13 KING'S LYNN

70 km/1 h 15 min von Norwich (Auto)
King's Lynn (42 000 Ew.) ist eine historische Hafenstadt mit vielen Sehenswürdigkeiten. Durch den Handel mit den Niederlanden, den deutschen Hansestädten und Skandinavien wurden ihre Kaufleute reich. Zeugnisse dieser Blütezeit sind noch zu bewundern, so die Kirche *St. Margaret's*, die beiden Rathäuser *Trinity Guildhall* und *Guildhall of St. George* sowie das elegante *Zollhaus*. 🗺 *O11*

DER SÜDEN

Abgelegene Buchten mit feinem Sandstrand, ein 1000 km langer Wanderpfad entlang der Küste, Fischerdörfer wie vor hundert Jahren und endlos anmutende, grasgrüne, menschenleere Weiten. Im Süden erwarten dich englische Landschaften, wie du sie sonst nur aus Filmen kennst.

Das Klima im südlichen England, vor allem in Cornwall und Devon, ist selbst im Winter sehr mild. Eine perfekte Voraussetzung für die englische Gartenleidenschaft, die hier vor mehr als hundert Jahren

Der mythische Steinzirkel Stonehenge wirft viele Fragen aus Englands Prähistorie auf

ihren Anfang nahm. Damals brachten die Viktorianer Pflanzen aus China und Japan mit, um eine kornische Riviera zu schaffen. Mit den Gärten konkurrieren bemerkenswerte Städte wie das elegante Bath und der historische Wallfahrtsort Canterbury, außerdem moderne Seebäder wie Brighton und Bournemouth sowie die alte, sich selbst stark verjüngende Hafenstadt Bristol. Noch mehr Infos findest du in den MARCO POLO Bänden „Südengland" und „Cornwall/Devon".

DER SÜDEN

Newport
Welshpool
Shrewsbury
Newtown
Bridgnorth
Llanidloes
Ludlow
Aberaeron
Rhayader
Leominster
Cardigan
Lampeter
Kington
Bromyard
Fishguard
Newcastle Emlyn
Llandovery
Hereford
Ross-on-Wye
St Davids
St. Clears
Carmarthen
Llandeilo
Brecon
Monmouth
Milford Haven
Glyn-neath
M5

300 km, 3 ¼ Std

Swansea
M4
Newport
Cardiff
Bristol
S. 115

Bristol Channel
22 km, 30 Min.
Cheddar Gorge **15**
Ilfracombe
Lynton
Minehead
Wells
Glastonbury **14**
Bath ★
S. 112
Chulmleigh
Taunton
M5
Bude
Hatherleigh
Cullompton
Camelford
Launceston
Exeter
Dorchester
Watergate Bay
Tavistock
Weymouth
Porthmeor Beach
Newquay **17**
Liskeard
18 Eden Project
Truro
Plymouth
St. Ives ★
S. 117
Kingsbridge
16
Land's End

MARCO POLO HIGHLIGHTS

★ BATH
Das Kurbad mit seinen Thermalquellen ist die einzige Stadt des Lands, die in Gänze zum Weltkulturerbe zählt. ➤ S. 112

★ BRIGHTON
Das angesagteste Seebad Englands wird jedes Wochenende zur Partyhochburg. ➤ S. 108

★ STONEHENGE
Die 4000 Jahre alten Steinkreise geben nach wie vor Rätsel auf. ➤ S. 114

40 mi
40 km

United Kingdom

King's Lynn · Stamford · Leicester · Swaffham · Norwich · Peterborough · Lichfield · Birmingham · Corby · Thetford · Coventry · Thrapston · Ely · Mildenhall · Diss · Daventry · Huntingdon · Bury St Edmunds · Alcester · Towcester · Bedford · Cambridge · Ipswich

M40 · M1 · M11 · Halstead · Colchester

Oxford · St Albans · Chelmsford

Warner Bros. Studio Tour ★ **6**

19C km, 2 ¼ Std. | British Museum ★ | 100 km, 1 ½ Std.

M4 · Windsor & Eton **5** · Tate Modern ★ · London S. 104 · M25

12 Lacock Abbey

M3 · **4** · Chessington World of Adventure · Leeds Castle **3** · Kathedrale ★

13 Stonehenge ★ · Canter-bury S. 102 · **1** Dover Castle

120 km, 1 ½ Std. · **11** Winchester · Crowborough · Salis-bury · South-ampton · M23 · **2** Rye

10 New Forest · Brighton Beach · **Brighton ★** · S. 108

Chichester · **Portsmouth** S. 110 · **7** Seven Sisters

9 Bourne-mouth · Compton Bay · **8** Isle of Wight ★

Strand von Bournemouth

English Channel / La Manche

★ **WARNER BROS. STUDIO TOUR**
Einst wandelte Harry Potter durch diese Kulissen – jetzt kann das in den Studios vor London jeder tun. ➤ S. 108

★ **KATHEDRALE VON CANTERBURY**
Canterburys Kathedrale ist historischer Wallfahrtsort und Sitz des Oberhaupts der anglikanischen Kirche. ➤ S. 102

★ **BRITISH MUSEUM**
Londons Museumsinstitution zeigt Schätze aus vielen Kulturen. ➤ S. 105

★ **TATE MODERN**
Eine der weltbesten Sammlungen moderner Kunst ➤ S. 105

★ **ST. IVES**
Das frühere Fischerdorf in Cornwall hat die schönsten Strände Englands und eine hohe Künstlerdichte. ➤ S. 117

★ **ISLE OF WIGHT**
England im Kleinformat – und mit unendlichen Möglichkeiten für Sportbegeisterte ➤ S. 111

CANTERBURY

(▣ Q16) **Hier blieb die Kirche im Dorf: Canterbury Cathedral ist Sitz der anglikanischen Kirche, entsprechend opulent bildet der Bau das Herz der mittelalterlichen Stadt.**

Er hat für die anglikanische Kirche eine ähnlich hohe Bedeutung wie der Petersdom für die katholische. Um die Kathedrale herum liegen Gassen, Fachwerkhäuser und unzählige Geschäfte, die Canterbury (55 000 Ew.) zu einem exzellenten Shoppingziel machen.

SIGHTSEEING

KATHEDRALE ⭐ 🚩

Die Macht der Kirche wird nirgends deutlicher als in diesem gotischen Prachtbau: 160 m lang ist die Kathedrale von Canterbury, ihr Turm 72 m hoch. Beim Betreten kommt sich jeder unendlich klein vor. Die Gewölbedecke ist eine der aufwendigsten ihrer Art, die mittelalterlichen Fenster zählen zu den größten Schätzen europäischer Glasmalerei. Fast täglich singen hier Chöre. Der Erzbischof von Canterbury ist das geistliche Oberhaupt der anglikanischen Kirche. Nur er darf die englischen Monarchen krönen. Der Bau zählt heute mit der Ruine der Abtei St. Augustinus und der St. Martin's Church zum Unesco-Weltkulturerbe. *Mo–Sa 9–17, So 12.30–14.30 Uhr | Eintritt £ 12,50 | ⏱ 1 h*

WESTGATE TOWERS

Du musst kein gesteigertes Geschichtsinteresse haben, um Englands größtes noch erhaltenes Stadttor zu besichtigen – die Aussicht von oben auf die Stadt entschädigt auch Sightseeing-Muffel. In dem Turm und angrenzenden Gebäuden ist eine Ausstellung über die Geschichte Canterburys entstanden, dazu gibt es eine Bar und ein Restaurant. Und es gibt einen der originellsten Escape Rooms: Dabei musst du versuchen, aus einem mittelalterlichen Gefängnis zu entkommen *(ab £ 19)*. *Mo–So 11–16 Uhr (Restaurant bis 21 Uhr, Bar bis 2.30 Uhr, So bis 1 Uhr, Escape Room Mo–Fr 12.30–20.30, Sa/So 10.30–20.30) | Eintritt £ 4 | 1 Pound Lane | onepoundlane. co.uk | ⏱ 1 h*

INSIDER-TIPP
Bloß raus hier!

ESSEN & TRINKEN

THE GOODS SHED

Halb Indoor-Markt, halb Restaurant – dieses originelle Restaurant in einem sehenswerten alten Lokschuppen neben dem Markt ist nicht nur wegen seiner modernen und phantasievollen britischen Küche berühmt. Die Zutaten stammen direkt vom Erzeuger. *Station Road West | Tel. 01227 45 91 53 | €–€€*

SHOPPING

Die ganze Altstadt von Canterbury ist eine Shoppingzone – mit vielen Ketten, aber auch mit einigen inhabergeführten Geschäften, unter anderem der *Lilford Gallery (3 Palace Street)* und dem *Cheese Shop (55 Palace Street)*.

SPORT & SPASS

CANTERBURY PUNTING COMPANY

Was Oxford und Cambridge können, kann Canterbury schon lange – Punting ist auch auf dem Fluss Great Stour in der Innenstadt überaus beliebt. *Tgl. 10–17 Uhr | ab £ 10 | Water Lane | Tel. 01227 46 47 97 | canterburypunting.co.uk*

RUND UM CANTERBURY

■ DOVER CASTLE

30 km/25 min von Canterbury (Auto)

Die Festungsanlage von Dover thront auf den berühmten ⚑ Kreidefelsen scheinbar unerreichbar über der Stadt. Von hier hast du einen großartigen Blick über den Ärmelkanal. Unterhalb der Burg ist ein weit verzweigtes, in die weißen Klippen gegrabenes ☂ Labyrinth zu besichtigen, das noch im Zweiten Weltkrieg benutzt wurde. *Tgl. 10–18, Nov.–März Sa/So 10–16 Uhr | Eintritt £ 20,90 inkl. Führung | short. travel/eng22*

Für das richtige England-Gefühl wanderst du entlang der Küste vom White-Cliffs-Besucherzentrum bis zum *South Foreland Lighthouse (April–Anf. Sept. tgl. 11–17.30 Uhr, sonst eingeschränkt | Eintritt £ 6 | national trust.org.uk/south-foreland-light house)*. Der 3 km lange Weg ist nicht zu schwer, die Aussicht auf Klippen und den Hafen hingegen sensationell.

Dieser Anblick ist ein echt guter Grund, per Fähre anzureisen: die weißen Klippen von Dover

Und nicht nur die Aussicht belohnt dich für die Tour:

INSIDER-TIPP
Dieser Cream Tea ist eine Erleuchtung

Im Leuchtturm selbst bekommst du in *Mrs. Knotts Tea Room* einen der besten cream teas Englands – mit frisch gebackenen Scones. ⊞ Q16

2 RYE

55 km/50 min von Canterbury (Auto)
Mit seinen Häusern im Tudorstil gehört Rye (5400 Ew.), das im Sommer etwas überlaufen ist, zu den hübschesten Städtchen Englands. Wunderbar flanieren kannst du in der Market Street, Watchbell Street und Mermaid Street. Schau auch im *Mermaid Inn (Mermaid Street)* vorbei, einstiger Schmugglertreff mit hauseigenem Geist. Heute ist daraus ein edles Restaurant in Fachwerkambiente geworden. ⊞ P17

3 LEEDS CASTLE

50 km/30 min von Canterbury (Auto)
Märchenhaftes Schloss auf zwei Inseln inmitten eines Sees. Heinrich VIII. ließ die Festung aus dem 9. Jh. zum Palast umbauen. Der Park mit seinen Gärten ist perfekt zum Spaziergehen, der Irrgarten einer der aufwendigsten seiner Art; im Sommer gibt es vor dem Schloss Festivals. *Tgl. 10–18, Okt.–März bis 17 Uhr | Eintritt £ 27 | leeds-castle.com |* ⏱3 h *|* ⊞ P16

LONDON

(⊞ N–O 15–16) **London ist eine Stadt, die nie ganz zu ergründen ist.**

Nicht nur, weil sie so groß ist und eigentlich aus vielen kleinen Stadtteilen besteht, die unabhängig voneinander existieren.

Sondern auch, weil die Acht-Millionen-Metropole sich ständig wandelt. Berühmte Designer kommen aus der Stadt an der Themse, in London entsteht immer wieder Popmusik von Weltrang, und auch zum Clubbing ist die Stadt wunderbar. Ihre Vielfalt lässt London zum Erlebnis werden. Setz dich in einen der roten Doppeldeckerbusse – nach oben natürlich – und lass dich durch die City fahren, am besten mit der Linie 11, die dich u. a. am Parlament von Westminster vorbeiführt. Mehr Infos findest du im MARCO POLO Band „London".

WOHIN ZUERST?

Tauch ein in das lebendige Westend rund um **Piccadilly Circus, Oxford Street** und **Regent Street** *(⊞ a–b 2-3)*, dem Mekka für Einkaufshungrige, das mit der U-Bahn (Oxford Circus oder Piccadily Circus) schnell zu erreichen ist. Auf das Auto solltest du schon wegen der wochentags fälligen Innenstadtmaut verzichten.

SIGHTSEEING

WESTMINSTER ABBEY

In diesem majestätischen gotischen Bauwerk fanden Krönungszeremonien, Hochzeiten und Beerdigungen vieler britischer Monarchen statt. Sehenswert ist u. a. die Kapelle Heinrichs VII., der

Gehört zu einem Londonbesuch dazu: einmal den Piccadilly Circus überqueren

Krönungsstuhl, außerdem die drei kleinen Gärten, die sich anschließen. *Mo–Fr 9.30–15.30, Mi bis 18, Sa 9.30–15.30 Uhr | Eintritt £ 23 | Broad Sanctuary | westminster-abbey.org | ⏱ 1–2 h | 🗺 c4*

BRITISH MUSEUM ⭐ ☂

Das riesige Museum besitzt Objekte von Weltruhm wie die Elgin Marbles, die den Parthenon in Athen schmückten, und den Stein von Rosetta, der die Entzifferung der Hieroglyphen ermöglichte. Für eine Pause empfiehlt sich das Dachrestaurant im Great Court über dem berühmten Lesesaal, in dem schon Karl Marx studierte. *Sa–Do 10–17.30, Fr bis 20.30 Uhr | Eintritt frei | Great Russell Street | thebritish museum.ac.uk | ⏱ 4 h | 🗺 c2*

SKY GARDEN

Ein Garten inmitten der City: Beim Bau dieses heute Walkie Talkie genannten Hochhauses planten die Architekten eine Aussichtsetage ein, die mit etlichen Pflanzen bewachsen heute wie ein kleiner Dschungel wirkt. Du hast einen perfekten Blick auf die Themse und das London drumherum. Das Schönste: Der Sky Garden ist kostenlos, sofern du dich rechtzeitig (mindestens eine Woche vorher) online anmeldest. Eine Anmeldung ist in jedem Fall zwingend erforderlich. *Mo–Fr 10–18, Sa/So 11–21 Uhr (Gastronomie länger) | Eintritt frei | 20 Fenchurch Street | Tel. 020 73 37 23 44 | skygarden.london | 🗺 f3*

TATE MODERN ⭐

Die Sammlung internationaler moderner Kunst ab 1900 ist nach dem British Museum die größte Kunstattraktion der Metropole – nicht zuletzt wegen des phantastischen Ausblicks vom Obergeschoss des ehemaligen Kraftwerks und seines Anbaus. *So–Do*

10–18, Fr/Sa 10–22 Uhr | Eintritt frei | Bankside Power Station | tate.org. uk/modern | ⏱ *2 h |* 🗺 *d–e3*

INSIDER-TIPP
Der Kunst-Express

Das *Tate Boat (£ 9)* bringt dich schnell über den Fluss zum *London Eye* und zur *Tate Britain,* der Nationalsammlung britischer Kunst.

GREENWICH

In diesem edlen wie hippen Londoner Stadtteil an der Themse scheint die Zeit stehengeblieben. Die *Cutty Sark (tgl. 10–17 Uhr | Eintritt £ 13,50 | King William Walk |* ⏱ *1,5 h),* der letzte Klipper, der für den englischen Tee- und Wollhandel gebaut wurde, zieht in einem Trockendock die Besucher an – dahinter erstreckt sich ein Dorf in der Stadt mit vielen Highlights: Der Nullmeridian verläuft mitten durch

The Attendant: eine Kaffeebar im ehemaligen Pissoir

den *Greenwich Park (tgl. 6–18 Uhr, im Sommer bis 21 Uhr | Eintritt frei),* im *Observatorium (tgl. 10–17 Uhr | Eintritt £ 14,40 |* ⏱ *1,5 h)* erfährst du alles darüber. *Greenwich Market (tgl. 10–17.30 Uhr | 5B Greenwich Market)* ist ein schöner überdachter Markt mit täglich wechselndem Angebot – von Trödel bis Kunst. Am besten reist du ab Westminster Bridge mit dem Boot an – oder kommst von Canary Wharf aus durch den Fußgängertunnel unter der Themse. 🗺 *O15*

ESSEN & TRINKEN

THE TRAFALGAR HOTEL

Dachgarten mit Ausblick direkt am Trafalgar Square, dem größten öffentlichen Platz Londons mit dem Denkmal Admiral Nelsons. Hier kannst du dem Admiral mit einem Drink zuprosten. *2 Spring Gardens | Tel. 020 78 70 29 00 | thetrafalgar.com | €€€ |* 🗺 *c3*

TRAFALGAR TAVERN

Vielleicht nicht Londons schönster Pub – aber zumindest einer mit der schönsten Aussicht. Du kannst hier in Greenwich direkt an der Themse sitzen und dich am exzellenten Pub Food (Fish & Chips, Burger) erfreuen, dazu eines von mehr als einem Dutzend Bieren trinken. *Park Row | Tel. 020 38 87 98 86 | trafalgartavern.co. uk | € |* 🗺 *0*

THE ATTENDANT

Hast du schon mal in einem öffentlichen WC Kaffee getrunken? London hat aus der Not der horrenden Mieten eine Tugend gemacht und ungenutzte Toilettenanlagen einfach neuen Bestimmungen zugeführt. Diese hier ist zur hippen Kaffeebar geworden. *27A Foley Street | Fitzrovia | the-attendant.com | € | ⌑ b2*

SHOPPEN

CONDUIT STREET

Die Straße zwischen Regent Street und Bond Street ist die Adresse für jugendliche Designermode. Das in einem Tudor-Gebäude untergebrachte Kaufhaus *Liberty (Regent Street/Great Marlborough Street)* steht seit 1875 für Mode und Wohnungseinrichtung in altenglischem Stil. ⌑ b3

JERMYN STREET

Wo shoppt eigentlich die Queen? Nach einem Bummel durch die beschauliche Straße weißt du Bescheid, denn hier sind zahlreiche Hoflieferanten beheimatet, u. a. das altehrwürdige Käsegeschäft *Paxton & Whitfield (Nr. 93).* ⌑ b3

AUSGEHEN & FEIERN

Pubs findest du buchstäblich überall, nur sehr traditionelle schließen noch um 23 Uhr. Der Pubbesuch ist für Londoner ohnehin nur der Auftakt, anschließend geht's in Clubs wie *Xoyo (32–37 Cowper Street)* oder *Grand (21–25 Saint John's Hill),* eine viktorianische Konzerthalle. Die meisten Theater liegen im West End nahe Leicester Square. Dort steht auch das TKTS-Häuschen, in dem du günstig Last-Minute-Karten für fast alle Theater bekommst.

INSIDER-TIPP
Theater-Schnäppchen

RUND UM LONDON

4 CHESSINGTON WORLD OF ADVENTURE 😀

25 km/40 min von London (Auto)
Die meisten Besucher kommen wegen der atemberaubenden Fahrten in diesen riesigen Erlebnispark: Zehn Themenländer bieten 40 Fahrattraktionen, dazu gibt es ein Sealife-Aquarium sowie einen Zoo. *Tgl. 10–18 Uhr | Familienpass £ 200 (online günstiger!) | Surrey | südl. von London, M 25 Abf. 9 oder 10 | chessington.com | ⌑ N16*

5 WINDSOR & ETON

40 km/45 min von London (Auto)
Schloss Windsor ist das markanteste Symbol der britischen Monarchie. Durch den Namenswechsel der königlichen Familie 1917 von Sachsen-Coburg-Gotha zu Windsor wurden der Ort (31 000 Ew.) und das Schloss noch populärer. Interessant ist die *St. George's Chapel* mit den Grabsteinen der letzten zehn Monarchen. Hauptattraktion sind die 16 *State Apartments (nur in Abwesenheit der Queen zu besichtigen, 17. Jh.)* und die *State Gallery (Gemälde, Möbel, tgl. 9.45–16, Nov.–Feb. bis 15 Uhr | Eintritt £ 23,50 | rct.uk/visit/windsor-castle | ⏱ 2 h).*
Am anderen Themseufer liegen der Ort *Eton* und das berühmte *Eton College (etoncollege.com).* 1440 wurde es von Heinrich VI. gegründet, um 70 arme Jungen auf Kirchenämter vorzubereiten – heute ist es die nobelste Privatschule der Welt.

Vor den Toren der Stadt findest du Englands 👥 Legoland (März–Okt. tgl. 10–17 Uhr | Eintritt £ 62 (online deutlich günstiger) | M 3, Ausfahrt 6 | legoland.co.uk | ⏱6 h) – ein riesiger Themenpark rund um die Klassiker der Kinderspielzeuge. Du kannst in Autos aus den Bausteinen fahren, Nachbauten berühmter Bauwerke sehen und im Lego Reef abtauchen – wo selbst die Fische aus den Bauklötzchen gestaltet sind. 🗺 M15

🖻 WARNER BROS. STUDIO TOUR ⭐ 👥

35 km/1 h von London (Auto)

In diesen Studios entstanden die Harry-Potter-Filme, heute kannst du die Originalkulissen besichtigen – inklusive Great Hall, einem Modell von Hogwarts und unzähligen Requisiten. Auch Harrys *butterbeer* kannst du probieren. *Nur nach Voranmeldung im* Internet tgl. 10–20 Uhr (teilweise bis 22 Uhr) | Familienticket £ 132 | Studio Tour Drive | Leavesden | wbstudiotour.co.uk | 🗺 N15

BRIGHTON

(🗺 N17) **Früher war es ein Lieblingsort des Adels, heute ist das alte ⭐ Seebad (188 000 Ew.) beliebtes Ausflugsziel der Londoner (50 Min. Fahrt) – und am Wochenende Szenetreff für partyhungrige Youngsters.**

SIGHTSEEING

ROYAL PAVILION

Der verspielte Prunkbau (1815–1822) scheint direkt aus Indien mit einem Abstecher über China eingeflogen

Durchhängen am Brighton Beach mit Blick auf das Wahrzeichen, die Seebrücke worden zu sein. Üppige Holzschnitze-reien, Porzellan und indisch anmuten-de Türmchen machen den Pavillon zu einem der ungewöhnlichsten Bauten ganz Englands. Der spätere König Georg IV. ließ ihn zwischen 1815 und 1822 bauen, als er noch Prince of Wales war. *Tgl. 9.30–17.45, Okt.–März 10–17.15 Uhr | Eintritt £ 15 | ◷ 1,5 h*

BRIGHTON PIER

Die berühmte Seebrücke (1899, früher *Palace Pier*) mit Karussells und Spiel-automaten wirkt heute so mondän wie vor 100 Jahren. Sie ist so etwas wie der Mittelpunkt der 8 km langen Strand-promenade, die ansonsten von Hotels und Fish-&-Chip-Shops geprägt ist.

I360

Wolkenkratzer hat Brighton nicht zu bie-ten, aber eine originelle Aussichtsgele-genheit: Die an einem Turm befestigte Gondel hebt Fahrgäste 170 m nach oben. Von hier hast du Brighton, die Küste und das Meer bestens im Blick. *Mo–Do 11–17.30, Fr/Sa 10–19, So 10–17.30 Uhr | Eintritt £ 16,50 | Lower Kings Road | britishairwaysi360.com*

ESSEN & TRINKEN

STATION HOTEL

Von außen sieht es aus wie ein norma-ler Pub, doch innen kommen kunst-voll angerichtete Delikatessen auf den Teller. Der Seeteufel ist genauso in-stagramreif wie das Ribeyesteak. Gute Biere und ein kleiner Biergarten. *1 Hampstead Road | Tel. 0127 3 00 95 89 | stationhotelpubandkit chen.co.uk | €€*

SPORT & SPASS

BRIGHTON WIND FARM TOURS

Abtauchen an den Windrädern vor Brighton: Mit dem Powerboot geht es vor die Küste – entweder zum Fischen oder zum Tauchen *(ab £ 55). Brighton Marina | Tel. 07901 82 23 75 | brigh tondiver.com*

BRIGHTON WATERSPORTS

Wakeboarding, Kajak, Windsurfing – an der englischen Südküste ist vieles möglich. Dieser Anbieter bietet Halb- und Ganztagestouren an *(ab £ 55). 185 Kings Road Arches | Tel. 01273 32 31 60 | thebrightonwatersports.co. uk*

STRÄNDE

✻ *Brighton Beach* , der langgezogene Strand entlang der Innenstadt, mag nicht den besten Sand Englands auf-weisen – mit dem Pier im Hintergrund ist er dennoch eine der Top-Strandlo-cations des Landes.

AUSGEHEN & FEIERN

COALITION

Hier geht die Party los, wenn die Pubs geschlossen haben. Der große Club unter den Arkaden am Wasser ist be-kannt für Livemusik, namhafte DJs und Party, Party, Party. *Tgl. 12–5, Sa bis 7 Uhr | 171–181 Kings Road Arches*

PATTERNS

Bar, Club – und einfach ein Ort, um ge-sehen zu werden, und sei es auch nur auf der schmalen Terrasse vor der Tür.

Wirkt wie das Segel einer Megayacht: Portsmouths Ausguck Spinnacker Tower

PORTS-MOUTH

(*M18*) **Die alte Hafenstadt (200 000 Ew.) erlebt eine wahre Renaissance, nachdem mehrere Millionen Pfund investiert wurden, um das Hafenviertel Gunwharf Quays komplett zu sanieren.**
Hier gibt es Designer-Outlets, Restaurants und ein Multiplexkino statt alter Kähne zu sehen. Im Ostteil, in *Southsea* (Badeort mit Kieselstrand), kannst du an der Küste flanieren, die Innenstadt selbst bietet keine großen Highlights.

SIGHTSEEING

HISTORIC DOCKYARD
Hauptsehenswürdigkeit sind die *Mary Rose* und die *H.M.S. Victory* (1765), mit der Admiral Nelson 1805 bei Trafalgar siegte. Das berühmte Flaggschiff (60 m lang) ist mit fünf Decks und 104 Kanonen ausgestattet. *Tgl. 10–16.30 Uhr | Eintritt £ 39 | historic dockyard.co.uk*

Einer der Vordenker der Partyszene der Stadt. *Di/Do 23–3 Uhr, Fr/Sa 18–4 Uhrr | 10 Marine Parade*

RUND UM BRIGHTON

7 SEVEN SISTERS
30 km/45 min von Brighton (Auto)
Eine Ikone Englands: Die Kreidefelsen Seven Sisters zwischen Eastbourne und Seaford sind eins der beliebtesten Fotomotive im Land. Am besten betrachtet man sie von den Coastguard Cottages aus, die sich westlich oben an den Klippen befinden. Unten ist der zwar nicht feine, aber saubere Strand ein gutes Ziel bei schönem Wetter. *O18*

SPINNAKER TOWER
Der 170 m hohe Turm bietet einen weiten Blick auf Hafen und Meer von drei Aussichtsplattformen. Achtung: Glasboden! *Tgl. 10–18 Uhr | Eintritt £ 14,95 | spinnakertower.co.uk*

ESSEN & TRINKEN

ABARBISTRO
Gemütliches Restaurant am Hafen mit aufwendigem *pub food* von Burger

bis Pie, außerdem viel frischem Fisch.
*58 White Hart Road | Tel. 023
92 81 15 85 | abarbistro.co.uk | €€*

SPORT & SPASS

ANDREW SIMPSON WATERSPORTS CENTRE

Erste Adresse für Wassersport in Portsmouth – hier kannst du u. a. segeln, rudern, ein Kanu oder Kajak mieten. *Eastern Road | Tel. 023 92 66 38 73 | aswc.co uk/our-centres/portsmouth*

RUND UM PORTS- MOUTH

🔳 ISLE OF WIGHT ⭐

15 km/30 min von Portsmouth (Fähre)
Die Insel (140 000 Ew.) ist England im Kleinformat, mit charaktervollen Städten und 40 km sauberem Strand – mit den schönsten in *Shanklin* und 🐾 *Compton Bay*. Der einzige Unterschied: Es ist meist etwas wärmer und das Leben noch geruhsamer. Von manchen als Rentnerinsel abgetan, entwickelt sich die Insel zum Paradies der Extremsportler: Paragliding, Mountainbiking und Rib-Safaris. In einem Boot mit mächtigem Außenmotor werden die Gäste dabei über die Wellen gejagt. Auch Wandern ist hier traumhaft, nachahmenswert z. B. der Lieblingsspaziergang des Hofdichters Tennyson im

INSIDER-TIPP
Wandern mit Inspiration

19. Jh., der heute ab dem Parkplatz Freshwater Bay über Tennyson Down zum Felsenvorsprung *The Needles* mit Küstenblick führt.
Die meisten Besucher zählt 🏛 *Osborne House (April–Sept. tgl. 10–18, Okt.– März Sa/So 10–16 Uhr | Eintritt £ 18,50 | ⏱ 3 h)*, einst Sommersitz von Königin Victoria. Das im mediterranen Stil umgebaute Gebäude liegt inmitten eines großen Parks. Das *Isle of Wight Festival*, das seit 1968 sehr unregelmäßig stattfindet und Rockfans aus aller Welt anzieht, gilt als Europas Variante von Woodstock. 📖 *L–M18*

🔳 BOURNEMOUTH

80 km/60 min von Portsmouth (Auto)
Bournemouth (185 000 Ew.) ist für viele das schönste der britischen Seebäder. Kein Wunder bei 10 km feinem 🐾 Sandstrand und vielfach ausgezeichneter Wasserqualität. Lange Zeit galt Bournemouth, bekannt für seine Parks, die guten Hotels und Restaurants, das *Pavilion Theatre* und ein eigenes Sinfonieorchester, als der ideale Ort für einen geruhsamen Lebensabend. Mittlerweile macht jedoch die Partyszene sogar Brighton Konkurrenz, sodass Bournemouth Ziel für den einen oder anderen lustigen Abend ist.
Entsprechend groß ist das Wassersportangebot von Surfen und Kitesurfen bis Segeln, Wasser- und Jetski. Am Pier kannst du an einem Drahtseil hängend 25 m über dem Boden bis zum Strand schweben *(£ 20, im Winter 15 | rockreef.co.uk/ pierzip)*. 📖 *K18*

🔟 NEW FOREST

55 km/40 min von Portsmouth bis Lyndhurst (Auto)

Dichte alte Wälder, Heidewiesen und Weideland prägen diesen National-park an der Südküste Englands zwi-schen Bournemouth und Southamp-ton. Früher war er ein Jagdrevier der englischen Könige, inzwischen kann hier zwischen den Strohdachhäusern jedermann wandern, radfahren und ponyreiten. Hauptort ist Lyndhurst (3000 Ew.) mit vielen Fachwerkbau-ten und kleinen Geschäften. Auf dem Friedhof liegt Alice Liddell begraben, die Lewis Carroll als Vorbild für sein Buch „Alice im Wunderland" diente. Lymington ist ein hübscher alter Ha-fenort mit einigen Läden, in Beaulieu lohnt sich vor allem das *Motor Muse-um (10–17 Uhr, im Sommer bis 18 Uhr | Eintritt £ 24,75 | beaulieu.co.uk | ⏱ 3 h)* mit Hunderten alter Fahrzeuge und einem angrenzenden Herren-haus samt Garten. 📖 *K–L17*

🔟 WINCHESTER

50 km/40 min von Portsmouth (Auto)

Die Kathedralenstadt (50 000 Ew.) wirkt mit ihrer fast durchgängig alten Bebauung heute noch wie vor 200 Jahren. Sie war unter den Angel-sachsen die Hauptstadt Englands. Hauptsehenswürdigkeit ist die *Kathe-drale (11.–14. Jh.)*, in der mehrere englische Könige und Jane Austen ihre letzte Ruhestätte haben. In der Great Hall von *Winchester Castle,* der Burg, hängt der *Round Table,* an dem sich die Ritter von König Artus' Tafel-runde der Sage nach versammelt ha-ben – er ist freilich viel jünger als die Sage, aber das stört niemanden. Inte-ressant sind Führungen durch *Win-chester College (Mo–Sa 10.15, 11.30, Mo, Mi, Fr/Sa auch 14.15, So auch 14.15 und 15.30 Uhr | Eintritt £ 8 | ⏱ 1 h)*, die älteste Privatschule des Lands (1382 gegründet). 📖 *L17*

BATH

(📖 *J16*) **Wenn du durch das Avon-Tal nach ⭐ Bath (86 000 Ew.) fährst, begibst du dich in eine andere Zeit. Ein Gesamtkunstwerk aus georgia-nischen Sandsteingebäuden er-wartet dich, im 18. Jh. am Reißbrett als Kurort von Grund auf neu ge-staltet. Mit wie viel Hingabe die Stadt gestaltet wurde, wird u. a. an der mit Shops bebauten Pulteney Bridge deutlich, am kreisrunden Wohnviertel The Circus sowie am Royal Crescent, einer halbrunden Häuserzeile mit bestem Blick.**

Heute ist das Weltkulturerbe tagsüber fast immer hoffnungslos überfüllt – wer Bath richtig erleben will, bleibt auch am Abend, wenn sich in den Pubs und Restaurants die Einheimi-schen treffen. Die Geschichte der Stadt reicht zurück bis in die Römerzeit.

SIGHTSEEING

BATH ABBEY

Ein bisschen zugebaut, aber eines der Highlights der Stadt: Die im 16. Jh. wieder aufgebaute Abteikirche hat die Form eines Kreuzes. Vor allem das Fä-chergewölbe im Inneren ist spektakulär, außerdem die mächtigen Buntglasfenster. Vom Turm hast du einen guten Ausblick. *Mo–Fr 9–17.30 (Mo ab 9.30), Sa 9–18, So 12.15–13.45 u. 16–18.30 Uhr | Eintritt frei, Spende von £ 4 erbeten | bathabbey.org | ⏱ 45 min*

ROMAN BATHS MUSEUM
Die überbaute römische Bäderanlage ist das beste Beispiel für die römische Vergangenheit Englands: Bei einem Rundgang schreitest du hinab zum großen Thermalbecken, blickst hinein in die einzelnen Räume, in denen die Römer zwischen dem 1. und 4. Jh. wellnessten, und fühlst dich am Beckenrand mit Blick auf die Statuen römischer Helden fast ein wenig wie in Italien. Die heute unterirdische Anlage wurde Ende des 19. Jhs. eher zufällig bei Bauarbeiten entdeckt – die ganze Stadt war im Lauf der Jahrhunderte mehrfach überbaut worden. *Tgl. 9–17, Juli–Aug. bis 21 Uhr | Eintritt £ 16, Wochenende £ 18,50 | neben der Abbey | romanbaths.co.uk | ⏱ 1,5 h*

PRIOR PARK LANDSCAPE GARDEN
Eine Oase der Ruhe, selbst an sonst wuseligen Wochenenden: Die englische Gartenikone Lancelot Capability Brown half, diesen weitläufigen Park zu gestalten, dessen Hauptattraktion die *Palladian Bridge* ist, eine von nur drei dieser von Säulen bebauten Brücken in England. Die Buslinie 2 fährt direkt vom Bahnhof her. *Tgl. 10–17.30 Uhr | Eintritt £ 7,50 | Ralph Allen Drive | nationaltrust.org.uk/prior-park-landscape-garden*

In Sichtweite der Bath Abbey bewachen römische Helden Bäder und Badende

ESSEN & TRINKEN

THE PUMP ROOM
Eine gelungene Zeitreise: Trink hier in herrlich altbackenem Ambiente Tee, lausch der Pianomusik und nipp am Quellwasser, das aus dem Brunnen plätschert: Es verspricht ein langes Leben, ist aber dank seines hohen Eisenanteils gewöhnungsbedürftig. *Abbey Courtyard | Tel. 01225 44 44 77 | €€*

SHOPPEN

PAXTON & WHITFIELD
Ein Paradies für Käseliebhaber: Diese Dependence des berühmten Londoner Shops bietet die wohl beste Auswahl vor allem englischer Käsesorten. *1 John Street | paxtonandwhitfield. co.uk*

SPORT & SPASS

THERMAE BATH SPA

Das Beste an diesem modernen Thermalbad ist der Blick vom Open-Air-Rooftop-Pool auf die Abbey und die Dächer von Bath. Entspannter kann es bei den Römern auch nicht zugegangen sein. *Bäder tgl. 9–21, Besucherzentrum Mo–Sa 10–17.30, So 11–16 Uhr | Eintritt £ 37, am Wochenende £ 42 | Hot Bath Street | thermaebathspa.com*

RUND UM BATH

12 LACOCK ABBEY

25 km/35 min von Bath (Auto)

Das ehemalige Augustinerkloster war später Heimat von William Henry Fox Talbot, der hier das Negativ für die Fotografie erfand. Ein Museum im Haus erzählt heute, wie. Rund herum gibt es das Dorf Lacock mit Pub, Shop und einigen Wohnhäusern, das ebenso wie die Abtei vollständig im Besitz des Denkmalschutzfonds National Trust ist. *Mitte Feb.–Okt. tgl. 11–17 Uhr, Dorf stets geöffnet | Eintritt £ 11,60 | High Street | short.travel/eng30 | 🗺 J–K16*

13 STONEHENGE ⭐

55 km/50 min von Bath (Auto)

Am besten machst du dich früh auf den Weg: Der prähistorische Steinkreis ist wohl die beliebteste Sehenswürdigkeit der ganzen Insel. Reisebusse voller Menschen kommen den ganzen Tag über. Inzwischen werden sie in einem großen, modernen Besucherzentrum weit vorher abgefangen und mit Pendelfahrzeugen weiter transportiert. Über die Bedeutung der Steine wird bis heute gerätselt: Dienten sie als Observatorium oder Opferstätte? Fakt ist: Immer zur Mittsommernacht strahlt die Anlage auf manche Menschen eine ganz besondere Faszination aus. Das Material des inneren Kreises wurde zwischen 2500 und 1600 v. Chr. aus dem 385 km entfernten Wales herangeschafft. Wie? Das ist bis heute die große Frage. Eine Ausstellung im Besucherzentrum versucht, Antworten zu finden. *Tgl. 9.30–19, Okt.–März bis 17 Uhr | Eintritt £ 19 | short.travel/eng21 | 🗺 K16*

14 GLASTONBURY

42 km/1 h von Bath (Auto)

Es liegt wohl nicht nur an den Esoterikgeschäften, dass Glastonbury ein Hauch von Hippietum umweht – der Ort (9000 Ew.) übt eine geradezu magische Anziehungskraft auf Fans der Mythen und Sagen aus. Sie alle sind auf der Suche nach dem Heiligen Gral, der einer Sage zufolge auf der Flussinsel Avalon vergraben liegen soll – und Glastonbury, heißt es, sei genau dieser mystische Ort. Etwas handfester sind zwei Sehenswürdigkeiten: *Glastonbury Abbey (März–Okt. 9–18 Uhr, Juni–Aug. 9–20 Uhr, Nov.–Feb. 9–16 Uhr | Eintritt £ 8,60 | ⏱ 1 h)*, die Ruinen der ältesten Abtei Großbritanniens, auf deren Gelände mehrere sächsische Könige beigesetzt wurden. Im Jahr 1191 stießen Mönche auf ein Grab, das sie König Artus und seiner

Frau Guinevere zuschrieben. Vor den Toren der Stadt steht *Glastonbury Tor,* ein 150 m hoher Hügel mit den Überresten eines Kirchturms – dem wohl beliebtesten Fotomotiv der Gegend. Das dreitägige *Glastonbury Festival* am letzten Juni-Wochenende ist Jahr für Jahr eine der größten Rockveranstaltungen der Welt. ⌑ *H17*

BRISTOL

(⌑ *J15–16*) **Die größte Stadt des Südwestens (400 000 Ew.) hat sich neu erfunden: Aus dem vermoderten Hafen ist ein lebendiges ▶ Party- und Kulturviertel geworden, Zehntausende Studenten sorgen für ein kreatives Nachtleben.**

SIGHTSEEING

CLIFTON SUSPENSION BRIDGE

Die alte Hängebrücke quer über die Schlucht des Avon-Flusses ist zum Wahrzeichen der Stadt geworden. Der berühmte Ingenieur Isambard Kingdom Brunel hat sie entworfen, der zuvor bereits für die Eisenbahnverbindung nach London, die Great Wester Railway, verantwortlich zeichnete. Ausgehend von der Brücke hat sich der noble Stadtteil Clifton zu einem kleinstädtischen Ausgehviertel gewandelt mit tollen kleinen Restaurants und Bars.

SS GREAT BRITAIN

Der erste Transatlantikdampfer der Welt liegt heute im selben Trockendock, in dem er gebaut wurde. Es

Ob das Gras unterhalb von Glastonbury Tor besser als andernorts schmeckt? Möglich wär's

Der erste Transatlantikdampfer der Welt, die SS Great Britain, ist nach Bristol heimgekehrt

grenzt an ein interessantes Museum über die SS Great Britain und die Seefahrt. Das Schiff stammt ebenfalls aus der Feder von Isambard Kingdom Brunel. Am besten reist du mit einem der gelben Hafenlinienboote an, die vom Watershed-Kulturzentrum in der Innenstadt aus in alle möglichen Richtungen fahren *(tgl. 10.30–18 Uhr | ab £ 1,70 | ab Millennium Square | bristolferry.com). Tgl. 10–17.30, Nov.–März bis 16.30 Uhr | Gas Ferry Road | Eintritt £ 18 | ssgreatbritain.org | ⏱2 h*

INSIDER-TIPP
Von der Seeseite kommen

M SHED

In einem alten Lagerhaus am Hafen ist dieses modern Museum über Bristol und dessen Industrie entstanden. Es gibt einen guten Überblick über die Entwicklung der Stadt – und bietet vom Obergeschoss einen schönen Ausblick auf den Hafen. *Di–So 10–17 Uhr | Eintritt frei Wapping Road | bristolmuseums.org.uk/m-shed | ⏱1–2 h*

ESSEN & TRINKEN

WHITE LION

Dieser Pub ist ein Muss – er begann als Hotelbar des angeschlossenen *Avon Gorge Hotels,* ist aber mit seiner riesigen Außenterrasse und dem Blick auf die Suspension Bridge der Treffpunkt der Stadt bei den ersten Sonnenstrahlen. *Sion Hill, Clifton | Tel. 0117 9 73 89 55 | theavongorgehotel.com | €*

LIDO

Nicht nur das Essen ist in diesem Restaurant exzellent – vor allem die Umgebung ist es: Das Lido ist ein altes Stadtteilschwimmbad, an dessen Ende sich dieses Lokal befindet. Beim Dinner blickst du auf das Becken und Anwohner, die hier ihre letzten Bahnen des Tages ziehen. Gute britische Küche zwischen Fleisch und Vegetarischem. *Oakfield Place | Tel. 0117 9 33 95 30 | lidobristol.com | €€*

SPORT & SPASS

BRISTOL BALLOONS
In Bristol sitzt mit Cameron Balloons einer der wichtigsten Hersteller von Heißluftballons – deswegen siehst du in der Stadt auch bei gutem Wetter stets ein paar von ihnen in der Luft. Probier es selbst aus! Rechtzeitige Vorabbuchung erforderlich! *Ab £ 99 | Tel. 0117 9 47 10 30 | bristolballoons.co.uk*

FAHRRADFAHREN
In Bristol begann das *National Cycle Network* mit dem *Bristol and Bath Railway Path,* einer 24 km langen Strecke zwischen den beiden Nachbarstädten, größtenteils auf einer früheren Eisenbahnstrecke. Ein Rad kannst du bei *Cycle the City (Do–So 10–17 Uhr, im Winter geschl. | £ 18 pro Tag | 1 Conon's Road | cyclethecity.org)* mieten.

AUSGEHEN & FEIERN

OLD VIC
Bristols berühmtestes Theater beherbergt zugleich die älteste noch bespielte Bühne in der englischsprachigen Welt. Neben dem Theater in der King Street gibt es zahlreiche Pubs und Restaurants, die sich ideal mit einem Theaterabend verbinden lassen. *King Street | Tel. 0117 9 87 78 77 | bristoldvic.org.uk*

FLOATING HARBOUR
Ausgehend vom Watershed-Kulturzentrum (guter Pub im Obergeschoss), reihen sich am Floating Harbour in der Innenstadt zig Bars und Restaurants aneinander, die für viele Bristolians Ausgangspunkt für eine Partynacht sind.

RUND UM BRISTOL

🔢 CHEDDAR GORGE
30 km/45 min von Bristol (Auto)
Die Heimat des gleichnamigen Käses (der inzwischen in ganz England hergestellt wird) ist eine beeindruckende Schlucht mit zwei großen 👕 😯 *Höhlen (tgl. 10.30–17 Uhr | Eintritt Erw. £ 19,95, Kinder 5–15 J. £ 14,95, darunter frei, online günstiger | cheddargorge.co.uk), Wookey Hole Caves* genannt, und vielen kleinen Geschäften. Wer den besonderen Kick sucht, kann sich auch am *Höhlen-Escape-Room (£ 24,95)* versuchen oder am *Klettern an den Felswänden der Schlucht (£ 49,90).* 🗺 H16

ST. IVES

(🗺 C19) **Das einmalig schöne Fischerdorf ⭐ St. Ives (11 000 Ew.)**

am westlichsten Zipfel von Cornwall mit seinen Gassen und den kleinen Geschäften ist der Künstlertreff Englands.

Außerdem hat der Ort die besten Strände Englands zu bieten, ganze fünf stehen zur Auswahl, zwei mitten im Zentrum. Am besten reist du mit der Bahn von Penzance oder St. Erth an – die Strecke der Scenic Railway gilt als eine der schönsten im Land.

SIGHTSEEING

HEPWORTH MUSEUM UND SKULPTURENGARTEN

Barbara Hepworth (1903–1975) war eine der bedeutendsten Bildhauerinnen des 20. Jhs. Ihr Haus mit Werkstatt und Garten im Zentrum ist mittlerweile zum Museum ihrer Werke geworden. *Tgl. 10–17, Nov.–Feb. Di–So bis 16 Uhr | Eintritt £ 6, Kombiticket Hepworth/Tate £ 10 | Barnoon Hill | ⏱ 1 h*

TATE GALLERY

Die 2017 erweiterte Außenstelle der Londoner Galerie mit 1000 Werken der Region und des 20. Jhs. ist ein architektonisches Meisterwerk. Von hier hast du einen sensationellen Ausblick auf den Strand und St. Ives. Das Museum bietet auch Kunstführungen durch den Ort zu unterschiedlichen Themen an. *Tgl. 10–17, Nov.–Feb. Di–So bis 16 Uhr | Eintritt £ 9,50, Kombiticket Hepworth/Tate £ 10 | Porthmeor Beach | tate.org.uk/stives | ⏱ 2 h*

INSIDER-TIPP
Durch die Augen eines Künstlers

ESSEN & TRINKEN

PORTHMINSTER BEACH CAFÉ

Direkt am Strand mit Blick auf die St.-Ives-Bucht isst du hier Fisch und vegetarische Gerichte, deren Zutaten alle ökologisch angebaut und von Produzenten vor Ort erworben wurden. *Porthminster Strand | Tel. 01736 79 53 52 | €€–€€€*

SPORT & SPASS

ST. IVES SURF SCHOOL

St. Ives ist nicht nur ideal für Künstler, sondern auch perfekt für Wassersport. Bei diesem Anbieter kannst du u.a. alles fürs Surfen, Paddleboarden, Coasteering und Kajakfahren bekommen. *Porthmeor Beach | Tel. 01736 79 39 38 | stivessurfschool.co.uk*

STRÄNDE

Alle Strände in der Gegend sind schön – perfekt beschaffen sind die beiden direkt im Ort gelegenen: 🐾 Porthmeor Beach unterhalb der Tate Gallery und Porthgwidden Beach.

RUND UM ST. IVES

🔟 LAND'S END

30 km/35 min von St. Ives (Auto)

Der westlichste Zipfel der Insel ist zum Inbegriff von Freiheit geworden. Scher am besten ganz schnell aus den

Unter der Kuppel des Eden Project entdecken Besucher den tropischen Regenwald

Touristenströmen aus und lauf auf dem South West Coast Path zum *Minack Theatre (Mitte März–Sept. tgl. 9.30–17, Okt.–Mitte März 10–15.30 Uhr | Eintritt £ 6 | minack.com),* einem Freilichttheater, das in die Klippen hineingebaut wurde. Die Aufführungen *(Mai–Sept. | Kartentel. 01736 81 01 81)* vor dieser Kulisse sind ein Erlebnis! *B20*

⏹ NEWQUAY

50 km/40 min von St. Ives (Auto)
Das einstige Fischerdorf am Rand der Steilküste ist die unbestrittene Surfhauptstadt Englands geworden, in der Wettkämpfe auf Weltniveau veranstaltet werden. Die sonst ruhige Stadt schwillt im Sommer von 20 000 auf 120 000 Menschen an – nicht nur Surfer schätzen die elf Sandstrände, vor allem *Watergate Bay.* Die Stadt mag nicht die schönste der Grafschaft sein – zum Wandern und für Wassersport ist sie aber ein exzellenter Ausgangspunkt. *D19*

⏹ EDEN PROJECT

75 km/1 h von St. Ives (Auto)
Dieser Klimapark wirkt wie aus einer anderen Welt: In einer früheren Bergbaugrube wurden unter riesigen Kunststoffkuppeln die Klimazonen der Welt nachgestellt. Wandre durch den Regenwald, erhol dich in der mediterranen Steppe und erfahr vieles über die Ökosysteme und deren Gefährdung. *Tgl. 10–18 Uhr | Eintritt £ 28 | St. Austell | Tel. 01726 81 19 11 | edenproject.com | ⏱ 3 h | D19*

Lust, die Besonderheiten der Region zu entdecken? Dann sind die Erlebnistouren genau das Richtige für dich! Ganz einfach wird es mit der MARCO POLO Touren-App: Die Tour über den QR-Code aufs Smartphone laden – und auch offline die perfekte Orientierung haben.

❶ NATURERLEBNIS IM LAKE DISTRICT

- ➤ Abstecher zu römischen Ruinen
- ➤ Ausblick auf Berge und Seen
- ➤ Spaziergang ums Wast Water

📍 Ambleside   🏁 Ambleside

🔄 200 km   🚗 1 Tag, reine Fahrzeit 5 Stunden

ℹ️ Mitnehmen: Wanderschuhe, Wasser, Sonnenschutz, Regenjacke
Achtung: ❹ **Ravenglass & Eskdale Steam Railway**: Von Nov. bis April verkehren die Züge nicht täglich.

Einfach QR-Code scannen und alle Karten & Infos zu unseren Touren auch unterwegs parat haben!
go.marcopolo.de/eng

An der Londoner Tower Bridge startet die spannende Dockland-Radtour

DIE STADT HINTER SICH LASSEN

Ausgangspunkt ist das viktorianische ❶ **Ambleside** im Zentrum des Lake District, ein im Sommer stark frequentiertes Marktstädtchen. *Von Ambleside fährst du westlich ein Stück auf der A 593, danach auf einem Abzweig weiter westlich durch Little Langdale zum Wrynose Pass.* Auf kurvenreichen Straßen geht es an Bächen vorbei zum ❷ **Hardknott Pass** (393 m). Oben hast du bei gutem Wetter eine hervorragende Sicht auf Tal und Berge. Mit etwas Glück ist in der Ferne sogar die Isle of Man zu erspähen. *Auf dem Weg ins Eskdaletal kommst du auf halber Höhe* an den römischen Ruinen des ❸ **Hardknott Fort** vorbei. Klettre hinauf, und genieß den Blick übers Land. *Anschließend geht es auf der Passstraße weiter, am Inn King George IV halt dich links Richtung Ravenglass.*

SCHMALSPURIG UNTERWEGS

Im Tal angelangt, siehst du rechter Hand den ❹ **Bahnhof der Ravenglass & Eskdale Steam Railway** *(Fahrten mehrmals tgl. | Rückfahrtticket £ 13–17 | raven glass-railway.co.uk)*, eine der ältesten noch in Betrieb befindlichen Schmalspur-Dampfeisenbahnen Englands. Sie bringt Touristen die 11 km *von Ravenglass*

❶ **Ambleside**

18 km

❷ **Hardknott Pass**

2 km

❸ **Hardknott Fort**

22 km

❹ **Bahnhof der Ravenglass & Eskdale Steam Railway**

bis nach Delegarth. Lass den Wagen stehen und genieß eine Fahrt auf Schienen – sie dauert je Strecke rund 40 Minuten.

IM SEE & UM DEN SEE HERUM

Mit dem Auto geht es zurück zur A 595 und hier nord-wärts. Bei Holmrook biegst du in Richtung Nether Was-dale zum ❺ Wast Water ab. Zeit für einen Badestopp – zumindest für geübte Schwimmer, denn der See ist mit 79 m der tiefste Englands. Am Ufer entlang führt ein schöner Wanderweg rund um den See mit Blick auf die Berge (10 km). Am anderen Ende des Wast Water, in ❻ Wasdale Head, erwartet dich die kleinste Kirche Englands und der Wasdale Head Inn *(tgl. | Tel. 19467 2 62 29 | wasdale.com | €)* zum Lunch. Ein Hotspot für Wanderer und Kletterer, denn hier beginnt der Aufstieg zum höchsten Berg Englands, dem Scafell Pike (978 m). Für die Seeumrundung solltest du zwei Stunden zuzüg-lich Lunchpause einplanen.

WO DER CREAM TEA WARTET

Vom See aus fährst du zurück in Richtung Gosforth und von dort aus auf der A 595 über Calder Bridge auf einer

36 km

❺ **Wast Water**

19 km

❻ **Wasdale Head**

abzweigenden Straße nach Ennerdale Bridge. Immer wieder siehst du hier die typischen Schiefermauern, mit denen die Farmer ihr Land abgrenzen. *Hinter Lamplugh geht es nach rechts über Loweswater nach* **Buttermere.** Am See gelegen, umgeben von den höchsten Bergen der Region und vielen Wasserfällen, ist der Ort ein beliebter Ausgangspunkt für Bergwanderungen. Für dich ist es nun aber höchste Zeit für den *afternoon tea:* Folg der Ausschilderung „YHA Buttermere" bis zum ❼ **Croft House Farm Café** *(crofthousefarmcafe.co.uk)*, einem kleinen Café in malerischer Kulisse.

54 km

❼ **Croft House Farm Café**

ABSTECHER IN DIE BRONZEZEIT

Die Fahrt führt weiter *über den Honister Pass durch das Borrowdale entlang dem Derwent Water nach Keswick* ➤ *S. 65.* Fahr nun ein Stück die A 66 nach Osten zum 5000 Jahre alten ❽ **Castlerigg Stone Circle.** Nach einem Spaziergang um das Steinoval aus der frühen Bronzezeit bringt dich *die A 591 in Richtung Süden wieder zurück nach* ❶ **Ambleside.**

26 km

❽ **Castlerigg Stone Circle**

24 km

❶ **Ambleside**

Auch eine Art von Magical Mystery Tour – durch die Bergwelt des Lake District wandern

❷ LITERARISCHE SPURENSUCHE IM BRONTË-COUNTRY

➤ Eine leichte Wanderung mit tollen Ausblicken
➤ Geschichte erleben im Brontë Parsonage Museum
➤ Süßigkeiten aus dem Sweet Shop

📍	Brontë Parsonage Museum	🏁	Black Bull
↻	13 km	🚶	1 Tag, reine Gehzeit 3½ Stunden
▮▮▮	Schwierigkeit: leicht	↗	Höhenmeter: 172 m
ℹ️	Mitnehmen: Wanderschuhe, Proviant, Sonnenschutz, Handtuch, Regenjacke, Reclam-Ausgabe „Sturmhöhe" von Emily Brontë		

❶ Brontë Parsonage Museum

4 km

❷ Brontë Waterfalls

1,7 km

WAS DIE BRONTËS LIEBTEN ...

Ausgangspunkt der Spurensuche ist das ❶ Brontë Parsonage Museum *(tgl. 10–17.30, Okt.–März 11–17 Uhr | Church Street | Eintritt £ 8,50 | bronte.org.uk)* im alten Pfarrhaus von **Haworth,** das nach überlieferten Beschreibungen restauriert wurde. Wirf einen Blick in das Leben und den Alltag der Familie Brontë und stimm dich auf die kleine Wanderung ein, bevor du dich *ortsauswärts auf den ausgewiesenen Weg nach Peninstone Hill machst. Von dort geht es – ebenfalls gut ausgeschildert – zu den* ❷ Brontë Waterfalls. Die drei Schwestern bezeichneten den schönen Platz als den „Treffpunkt des Wassers", das hier von drei Seiten herabströmt und sich in einem Fluss zusammenfindet. Übersieh nicht den Stein, der an einen Sessel ohne Lehne erinnert und von den Leuten im Ort „Charlottes Stein" getauft wurde. Genieß die wunderbar grüne Landschaft, gönn dir ein Päuschen auf einem der großen Steine und kühl an heißen Tagen deine Füße im klaren Wasser. Du findest auch auf dem Weg immer wieder

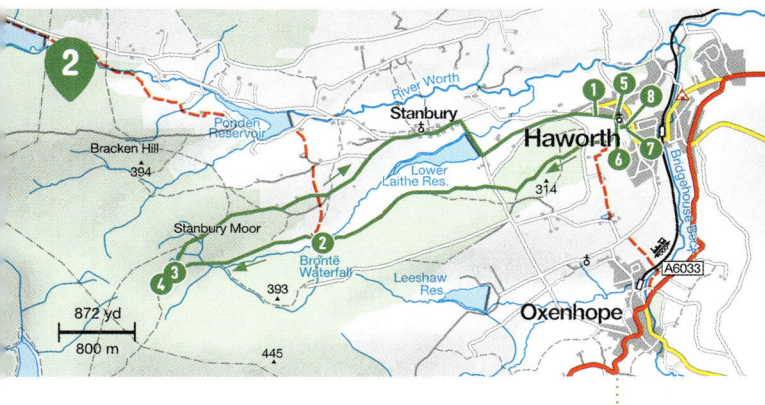

eine Bank, auf der du kurz rasten kannst. Danach wird
es etwas anstrengender. *Überquer die Brontë Bridge
und geh dann leicht bergauf.* Auf dem ❸ **Top Withins**
angelangt, kannst du den frischen Wind und an schönen Tagen den Ausblick weit über das Haworth-Moor
genießen. Die Anhöhe soll Emily Brontë zu ihrem Buch
„Sturmhöhe" inspiriert haben.

... UND WO MAN SIE ZUR RUHE BETTETE

Geh nun ein Stück bergab zur ❹ **Ruine eines ehemaligen Bauernhofs,** an dessen Außenmauer Sitzgele-
genheiten angebracht sind – eine perfekte Gelegenheit
für den Lunch. Erhol dich vom Aufstieg und lies ein bisschen in der „Sturmhöhe". Oder beobachte die vielen
Schafe, die fast das ganze Jahr über hier oben grasen.
*Für den Rückweg wählst du zunächst jenen Weg, auf
dem du auch gekommen bist, halt dich jedoch bei der
Gabelung nach etwa 70 m links,* um für etwa 3 km der
Beschilderung „Pennine Way" zu folgen. Es geht an
Wiesen vorbei, *bis du rechter Hand ein Wasserreservoir
siehst.* Der Pennine Way bringt dich in diesem Bereich
direkt auf die Main Street, der du auf dem Fußpfad nach
rechts in Richtung Haworth folgst. Zurück in **Haworth**
wirf einen Blick in die ❺ **Kirche,** in der es eine kleine
Gedenkstätte für die Familie gibt. Ein Schild am Ein-
gang zeigt dir, wo genau ihre Gräber unter einer Stein-
platte liegen. Die Grabstätten auf dem ❻ **Friedhof** be-
zeugen, dass nicht allein die Brontë-Familie den viel zu

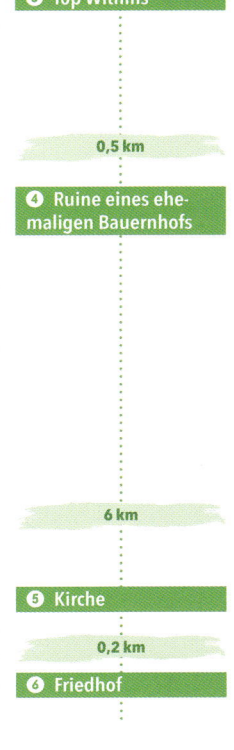

❸ Top Withins

0,5 km

❹ Ruine eines ehe-
maligen Bauernhofs

6 km

❺ Kirche

0,2 km

❻ Friedhof

frühen Tod vieler Angehöriger zu beklagen hatte. Bei einem Bummel durch die engen Gassen des Orts erlebst du ein typisch nordenglisches Dorf – mit schmalen Häusern und der obligatorischen roten Telefonzelle im Zentrum. Neben zahlreichen Pubs und Restaurants gibt es auch einige nette Geschäfte, beispielsweise **❼ Mrs. Beightons Sweet Shop** *(127 Main Street | mrsbeightons.co.uk).* Hier kannst du dich mit Süßigkeiten eindecken.

AUF EIN PINT MIT DEM EINZIGEN MANN UNTER DEN BRONTËS

Zum Abschluss des Tages begibst du dich wieder auf Brontë-Spuren und kehrst im **❽ Black Bull** *(119 Main Street | Tel. 01535 64 22 49 | €)* ein. Hier soll Branwell, der einzige, talentierte, doch erfolglose Sohn der Familie, der sich nicht als Schriftsteller, sondern als Maler versuchte, so manches Glas zu viel getrunken haben. Du genießt hier am besten das gute Essen und von den Außenplätzen den wunderbaren Blick die Main Street hinab bis weit in die Landschaft vor Haworth.

0,1 km

❼ Mrs. Beightons Sweet Shop

0,2 km

❽ Black Bull

Das heimliche Wahrzeichen Britanniens, die rote Telefonzelle, gibt's auch noch in Haworth

❸ KÜSTENTOUR DURCH EAST ANGLIA

➤ **Austern am Fluss Alde genießen**
➤ **Orford Castle besichtigen**
➤ **Das verschwundene Dorf besuchen**

📍 Southwold   🏁 Orford

→ 56 km   🚗 1 Tag, reine Fahrzeit 1 Stunde

ℹ️ Mitnehmen: Badesachen, Picknickdecke und -korb Geübte Radfahrer können die Strecke auch per Rad zurücklegen.

BADEN FÜR BRAVEHEARTS

❶ **Southwold** ist Ausgangspunkt der Tour. Der Ort besitzt mit Seebrücke und Leuchtturm alles, was einen Badeort ausmacht. Starte mit einem Strandspaziergang – Hartgesottene können auch ein Bad im meist kühlen Wasser wagen – und einem Frühstück im **Fifty One** *(51 High Street | Tel. 1502 72 61 57 | €)*, einem erstklassigen kleinen Bistro. *Über die A 1095, A 12 und Dunwich Road* gelangst du nach ❷ **Dunwich.** Hierher kommt man, um zu sehen, was es nicht (mehr) gibt. Zu Zeiten der Angelsachsen war Dunwich die größte Stadt der Region. Heute liegen sechs Kirchen, drei Kapellen, ein Kloster und viele Häuser auf dem Meeresgrund, denn stetig frisst sich das Meer in die Küste. Im **Dunwich Museum** *(April–Okt. tgl. 11.30–16.30 Uhr | Eintritt frei | St. James Street | dunwichmuseum.org. uk)* wird die Chronik des Verschwindens erzählt.

❶ Southwold
14 km
❷ Dunwich

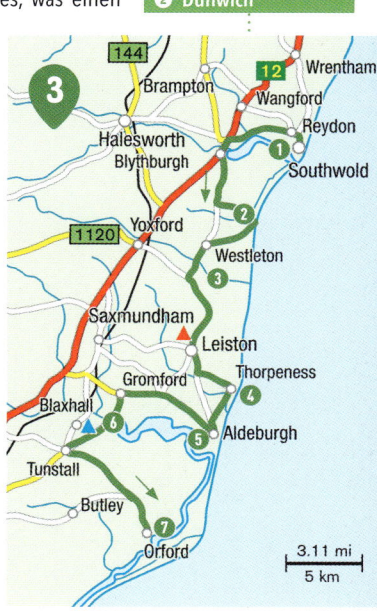

Schon mal Austern probiert? In der *Butley Orford Oysterage* bleibt dir nichts anderes übrig

6 km

❸ Westleton-Minsmere-Reservat

11 km

❹ Thorpeness

3 km

❺ Aldeburgh

10 km

❻ Snape Maltings

12 km

❼ Orford

Das ❸ **Westleton-Minsmere-Reservat**, *das du über die Dunwich Road und die B 1122 erreichst,* ist eines der größten Vogelschutzgebiete des Lands und einen Stopp wert. Ein Spaziergang durch das Heideland, den Wald und die Lagunen bildet eine wohltuende Abwechslung zum Autofahren. Weiter geht es *über die B 1122 und die B 1353 (Abzweigung bei Aldringham)* nach ❹ **Thorpeness.** Der Ort ist ein Modelldorf aus der Edwardian-Zeit (1901–1914). Auffällig ist das **Haus in den Wolken,** ein ehemaliger Wasserturm mit Ferienwohnungen auf der Spitze.

ZU BESUCH BEI BENJAMIN BRITTEN

Die *Thorpe Road* bringt dich nach ❺ **Aldeburgh.** Beim Bummel durch das charmante Seebad sollten Britten-Verehrer das Grab des Komponisten auf dem **Friedhof der Aldeburgh Church** besuchen. *Auf der Aldeburgh Road fährst du in Richtung Westen nach Church Common, um dort links in die Church Road abzubiegen, die zu* ❻ **Snape Maltings** *(snapemaltings.co.uk)* führt. Die ehemalige Mälzerei beherbergt nun Geschäfte und das Pub-Restaurant **Plough and Sail** *(Tel. 01728 68 83 03 | theploughandsailsnape.com | €–€€).* ❼ **Orford,** dein Tagesziel, erreichst du *auf der B 1084.* Hier deckst du dich in der **Butley Orford Oysterage** *(Mo–Fr 10–16.30, Sa 9–16.30, So 10–16 Uhr | Quay Street | pin neysoforford.co.uk | €–€€)* mit Austern und Lachs ein.

Doch bevor du dich am Fluss Alde, aus dem die Austern stammen, zum Picknick niederlässt, besichtige noch die 30 m hohe Burg *(tgl. 10–16 Uhr | Eintritt £ 7,30)* aus dem 12. Jh., deren Turm einen außergewöhnlichen Grundriss besitzt.

④ DURCH DIE LONDONER DOCKLANDS

➤ Das Finanzzentrum Canary Wharf im Blick
➤ Stopp bei Starkoch Gordon Ramsay
➤ Geschichte im Museum of the Docklands

📍 Tower of London Park

🏁 Anleger London Eye (Waterloo)

→ 14 km

🚲 3 Stunden, reine Fahrzeit (Rad und Boot) 1 Stunde

ℹ️ Kosten: Rad 8 £, Bootsfahrt 8 £ pro Person
Achtung: Cityräder *(Gebühr: 2 £ inkl. 30 Freiminuten, zzgl. 2 £ pro 30 Min. | tfl.gov.uk/modes/cycling/santander-cycles)* können ohne Registrierung an jeder Station entliehen und zurückgegeben werden, gezahlt wird mit Kreditkarte. Vorsicht bei anderen Leihradanbietern, deren Räder nur in bestimmten Gebieten Londons genutzt werden dürfen.
Den Tisch im ⑤ Narrow unbedingt zeitig buchen.

IMMER AM WASSER ENTLANG

Startpunkt ist die Fahrradstation am ① Tower of London Park an der U-Bahn-Station Tower Hill. *Über den St. Katharine's Way östlich der Tower Bridge (Nordufer)* gelangst du zu den ② St. Katharine's Docks aus dem 19. Jh., heute der Londoner Yachthafen. *Folg weiter dem St. Katharine's Way bis zu einem Kreisel. Dort hältst du dich rechts,* bis du zur ③ Wapping High Street kommst. Alte Lagerhäuser wurden hier zu Wohnkomplexen umgebaut. *Fahr nun rund 1,2 km auf der Wap-*

① Tower of London Park

② St. Katharine's Docks

③ Wapping High Street

ping High Street, bis du nach einer Kurve die St. Peter's Primary School zu deiner Linken siehst. Gegenüber führt die Tour in die Straße Wapping Wall, die in die Glamis Road übergeht. Von der alten ❹ **Eisenträgerbrücke** hat man rechts einen schönen Blick auf das Finanzzentrum Canary Wharf. *Nach der Brücke biegst du rechts vor dem Sportplatz auf den Thames Path zur Narrow Street ab, der du weiter folgst. Auf einer Brücke überquerst du den Stichkanal zum Limehouse Dock.* Direkt an der Brücke hat Starkoch Gordon Ramsay mit dem ❺ **Narrow** *(Tel. 020 75 92 79 50 | gordonramsay restaurants.com/the-narrow | €€)* einen Pub mit hervorragendem Restaurant eröffnet. Die Terrasse gewährt einen wundervollen Blick auf die Themse.

WO ES NACH TEE & RUM DUFTETE

In einer leichten Linkskurve etwa 100 m weiter führt rechts an der Dunbar Wharf ein Weg zur Themse. Folg ihm bis zum Canary Wharf Pier. Durch einen kleinen Park auf der linken Seite geht es in die West India Avenue. Halt dich links, um zum West India Quay *zu gelangen.* Einst wurden in den Speichern Tee, Rum und Zucker aus der Karibik gelagert. Links findest du das ❻ **Museum of London Docklands** *(tgl. 10–18 Uhr | Eintritt frei | short.travel/eng10)*, das über die Geschichte der Docks informiert. Vor dem Abstecher ins Museum kannst du dein Rad am *Fisherman's Walk auf der Südseite des West India Quays (an der Brücke)* abgeben. Wenn du nach den vielen Eindrücken noch eine Stär-

(Marginalien:)
❹ **Eisenträgerbrücke**
❺ **Narrow**
❻ **Museum of London Docklands**

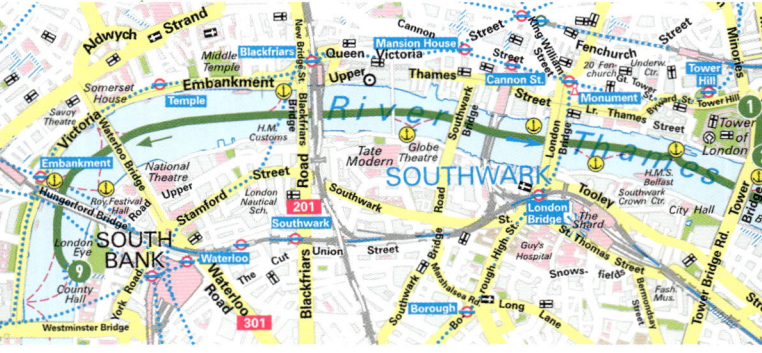

Arbeiten und essen: Canary Wharf ist ein moderner Bürohauskomplex mit vielen Lokalen

kung brauchst: Das **❼ Brown's** *(26 Hertsmere Road | Tel. 020 79 87 97 77 | short.travel/eng9 | €€)* ist eines der schicken, aber gemütlichen Lokale in einem alten Speicher und für seine gute Küche bekannt.

❼ Brown's

AUF DER THEMSE ZURÜCK INS ZENTRUM

Schlendre nun auf die andere Seite des Hafenbeckens und halt dich rechts. Auf der West India Avenue gelangst du zurück zum Park an der Westferry Road. Passier ihn, und du kommst zum **❽ Canary Wharf Pier**. *Dort besteigst du eines der alle 20–30 Minuten verkehrenden Themseboote, das dich zurück in die Innenstadt zum* **❾ Anleger London Eye (Waterloo)** *bringt.*

❽ Canary Wharf Pier

❾ Anleger London Eye (Waterloo)

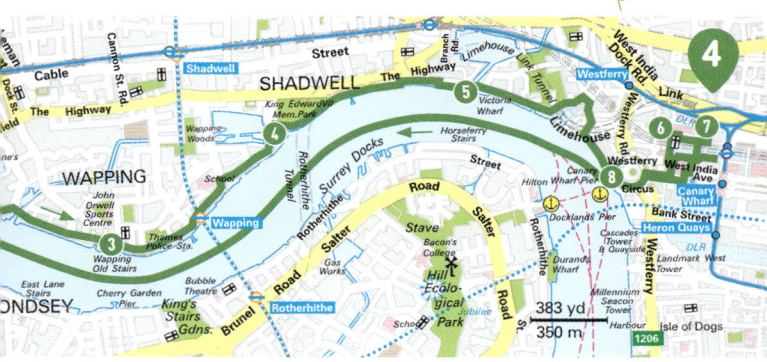

GUT ZU WISSEN

DIE BASICS FÜR DEINEN URLAUB

ANKOMMEN

ANREISE

Der Eurotunnel ist die direkte Verbindung zwischen Calais in Frankreich und Folkestone (Fahrtdauer 30 Min.) in England. Tickets solltest du vorab bestellen *(Tel. 0180 5 00 02 48 | pro Auto ab £ 100, £ 70 für Nachtfahrten | eurotunnel.com)*. Im Terminal vor Ort ist es meist teurer.

– 1 Stunde Zeitverschiebung

In England gilt Greenwich Mean Time (GMT), d.h. es ist ganzjährig eine Stunde früher als bei uns.

Die wichtigsten Fährverbindungen: Calais–Dover (1,5 Std.), *poferries.com, dfdsseaways.de;* Rotterdam/Zeebrug-ge–Hull (über Nacht), *poferries.com;* Hoek van Holland–Harwich (6,5 Std.), *stenaline.com;* Dünkirchen–Dover (2 Std.), Amsterdam (IJmuiden)–Newcastle (über Nacht), *dfdsseaways.de.* Je früher du buchst, desto billiger ist die Überfahrt in der Regel. Tickets, bei denen die Rückreise innerhalb von fünf Tagen angetreten werden muss, sind am günstigsten (ab ca. 90 Euro für ein Auto/2–4 Pers., bei längeren Aufenthalten ab ca. 150 Euro Hin- und Rückreise). Der *Eurostar* fährt von Brüssel, Amsterdam und Paris nach London-St. Pancras (Fahrzeit Köln–London über Brüssel 4 Std. 40 Min.). Reservierung: *eurostar.com* oder an den Verkaufsstellen der Deutschen Bahn. Brüssel–London (Fahrzeit 2 Std.): ab 100 Euro für Hin- und Rückfahrt.

Von den meisten deutschen Airports aus gibt es Verbindungen nach London, auch viele Billigflieger haben das Ziel im Angebot. Die Flugzeit beträgt

Sich auf den Linksverkehr konzentrieren fällt schwer in den zauberhaften Cotswoldsdörfern

nur rund eine Stunde. Flüge gibt es mitunter bereits ab 30 Euro. Weitere große Flughäfen sind Birmingham (Mitte), Manchester und Liverpool (für den Norden) sowie Bristol (für den Süden). Hier fliegen mitunter kleinere Maschinen, sodass die Flugzeit bis zu zwei Stunden beträgt.

Adapter Typ G

Zu Hause unbedingt noch besorgen, europäische Stecker passen in England nicht.

Von mehreren deutschen Städten aus werden Fernbusverbindungen nach England angeboten – in erster Linie mit *Eurolines (eurolines.de)*, Flixbus *(flixbus.de)* sowie vereinzelt auch *Megabus (uk.megabus.com)*. Die Fahrt dauert je nach Startpunkt

zwischen neun und 20 Stunden und kostet ab 35 Euro.

EINREISEBESTIMMUNGEN

EU-Bürger und Schweizer benötigen zur Einreise nach Großbritannien für private Zwecke einen noch mindestens sechs Monate gültigen Reisepass, aber kein Visum. Die eGates an Flughäfen sollen auch für EU-Bürger vorerst weiter nutzbar sein.

KLIMA & REISEZEIT

Das englische Wetter ist gar nicht so schlecht wie sein Ruf. Natürlich regnet es aufgrund der Insellage immer mal wieder, es kann sich aber auch schnell wieder ändern. Schönste Reisezeiten für England sind der Frühling sowie der Sommer (Sonnenschutz nicht vergessen!). Man sollte auf alles vorbereitet sein, d. h. Regenschirm und Mantel, warmer Pullover auch im Sommer.

ZOLL

Durch den Brexit gelten nicht mehr die EU-Freimengen für eine Rückkehr aus Großbritannien, sondern jene für Nicht-EU-Staaten: u. a. 1 l Spirituosen und 200 Zigaretten. Nach Großbritannien darfst du mehr einführen – u. a. 18 l Wein, 42 l Bier und 4 l Spirituosen, 200 Zigaretten.

WEITER-KOMMEN

AUTO

Gewöhnungsbedürftig ist für viele der Linksverkehr. Es gibt keine allgemein gültige Vorfahrtsregel, an Kreuzungen ist die Vorfahrt fast immer markiert. Höchstgeschwindigkeit in Ortschaften 30 Meilen (48 km/h), auf Landstraßen 60 Meilen (97 km/h), auf Autobahnen 70 Meilen (113 km/h). Pannenhilfe durch *AA Automobile Association (Tel. 0800 88 77 6), RAC Royal Automobile Club (Tel. 0800 82 82 82 | für Mitglieder ausländischer Partnerclubs i. d. R. kostenlos)* oder über die *Highway Agency (Tel. 0300 1 23 50 00)*.

Doppelte gelbe oder rote Linien am Straßenrand bedeuten absolutes Halteverbot, eine einzelne gelbe Linie eingeschränktes Halteverbot (Schilder beachten!). Achtung: Falls du gern schnell fährst, tu das lieber nicht in England! Es gibt viele Blitzer, immer öfter wird die Durchschnittsgeschwindigkeit per Kamera überwacht. Das Bußgeld ist deutlich höher als in Deutschland. Es gilt trotz Brexits ein nationaler Führerschein für Europäer, ein internationaler ist nicht notwendig.

In London gilt eine Innenstadtmaut für PKW/LKW *(Mo–Fr 7–18 Uhr)* sowie eine Umweltmaut für LKW, Busse, Wohnwagen – und Vans *(rund um die Uhr)*. Beides muss vorab über das Internet bezahlt werden *(tfl.gov.uk/modes/driving/pay-to-drive-in-london)*. Auch die *Dartford Crossing* der M 25 kostet Maut, ebenfalls vorab zu zahlen.

MIETWAGEN

Die bekannten internationalen Mietwagenfirmen sind in England, auch an den Flughäfen, gut vertreten. Es ist so gut wie immer günstiger, einen Wagen bereits vor der Abreise von Deutschland aus zu reservieren. ADAC-Mitglieder sparen bei der Buchung über die ADAC-Website bei vielen großen Anbietern.

ÖFFENTLICHE VERKEHRSMITTEL

Mit den Bussen von *National Express* erreichst du fast jede Ecke des Landes. Busfahren ist günstig, vor allem wenn du *day returns* kaufst oder sieben Tage im Voraus buchst *(zentrale Busstation London | Victoria Coach Station | 164 Buckingham Palace Road)*. Skimmer-Pässe für das gesamte Netz mit einer Dauer von mindestens sieben, 14 oder 28 Tagen sowie Ermäßigungen mit der *Coachcard* für Reisende unter 27 und für über 50-Jährige. *Tel. Auskunft und Buchung: National Express 0871 7 81 81 81 | nationalexpress.com*. Auf Hauptstrecken fährt

FESTE & EVENTS
RUND UMS JAHR

MÄRZ/APRIL
The Boat Race (Themse, westlich Londons): Die Rudercrews der Unis Oxford und Cambridge treten jährlich gegeneinander an | *theboatrace.org*

APRIL
Grand National (Aintree) – das härteste Pferderennen der Welt | *aintree.co.uk*

MAI
Käserollen (Coopers Hill): Wettrennen mit Käselaib | *cheese-rolling.co.uk*
Bath International Music Festival: Folk, Jazz, Oper und klassische Musik;  Gratiskonzert im Royal Victoria Park | *bathfestivals.org.uk*

JUNI
Royal Ascot: das weltweit berühmteste Pferderennen (Foto) | *ascot.co.uk*
Sonnenwendfest (Stonehenge), *english-heritage.org.uk/stonehenge*
Aldeburgh Festival: Moderne klassische Musik in der Konzerthalle einer alten Mälzerei | *snapemaltings.co.uk*

JULI
Henley Royal Regatta (Henley-on-Thames) | *hrr.co.uk*

AUGUST
Cowes Week (Isle of Wight): größtes Segelevent | *cowesweek.co.uk*
Notting Hill Carnival (London): Spektakel der Farben, Kostüme und Musik | *thelondonnottinghillcarnival.com*
Boardmasters (Newquay): Surf- und Musikfestival | *boardmasters.co.uk*
Liverpool International Music Festival: Gratis-Musik-Festival in Sefton Park | *limfestival.com*

SEPTEMBER
Heritage Open Days: Geschichtsträchtige Gebäude im ganzen Land öffnen ein Wochenende kostenlos die Türen.

NOVEMBER
Guy Fawkes Night (London): Am 5. Nov. wird der misslungene Versuch, das Parlament zu sprengen, mit Feuerwerk gefeiert | *lewesbonfirecouncil.org.uk*

man sehr preiswert mit *Megabus (megabus.com)*.

Das Bahnnetz ist dicht, die Preise ähnlich hoch wie in Deutschland. Indem du rechtzeitig buchst oder erst nach 9.30 Uhr fährst, wird es günstiger.  Für mehrere Fahrten ist es empfehlenswert, bereits zu Hause einen *Brit-Rail-Pass* zu kaufen *(Gültigkeitsdauer 2–22 Tage | visitbritaindirect.com, bahn.de)*, der für eine festgelegte Anzahl von Tagen Bahnfahren nonstop ermöglicht. Achtung: Es gibt diesen Pass nicht in England zu kaufen! Günstige Tickets findest du auf *thetrainline.com*. Fahrplanauskunft: *traveline.org.uk*.

TAXI

Die Fahrt in den berühmten schwarzen Cabs ist teurer als mit deutschen Taxis. Minitaxis oder Uber sind günstiger, können aber nur telefonisch oder per App bestellt werden. In London zahlt man je nach Tageszeit, Strecke und Dauer sehr unterschiedliche Preise ab £ 5,60 pro Meile. 10 Prozent Trinkgeld sind üblich.

IM URLAUB

AUSKUNFT
VISIT BRITAIN
visitbritain.com

CAMPING

Wildes Campen ist nicht erlaubt. Infos zu den lokalen Plätzen bei den Touristenämtern und beim weltältesten Campingverein *Camping & Caravanning Club (Tel. 024 7 64 75 42 | campingandcaravanningclub.co.uk)* und bei der *Forestry Commission (Tel. 0300 0 67 43 21 | forestholidays.co.uk)*.

FEIERTAGE

1. Jan.	*New Year's Day*
7. April 2023, 29. März 2024	
	Good Friday (Karfreitag)
10. April 2023, 1. April 2024	
	Easter Monday (Ostermontag)
23. April	*St. George's Day* (Nationalfeiertag, Werktag)
Erster und letzter Montag im Mai	
	Bank Holiday
Letzter Montag im Aug.	*Bank Holiday*
25. Dez.	*Christmas Day*
26. Dez.	*Boxing Day*

EINTRITT

In Museen, Ausstellungen und Kirchen wird oft ein hohes Eintrittsgeld verlangt. Familienkarten reduzieren den Preis. Rund 50 staatliche Topmuseen und Galerien im Vereinigten Königreich gewähren gänzlich freien Eintritt, u. a. das *British Museum* in London.

Hat man vor, mehrere historische Stätten zu besuchen, lohnt sich der *Overseas Pass (ab £ 35)* der Denkmalschutzbehörde *English Heritage (english-heritage.org.uk)*, der neun oder 16 Tage kostenlosen Zugang zu mehr als 100 Sehenswürdigkeiten ermöglicht. Der *National Trust (nationaltrust.org.uk)* bietet einen ähnlichen Pass *(Touring Pass | ab £ 33)* an. Wenn du öfter innerhalb eines Jahres nach England reist, dann nimm

INSIDER-TIPP
Die Bahn-Flatrate

gleich eine Jahresmitgliedschaft; die lohnt sich aufgrund der damit gewährten Rabatte auch schon bei wenigen Besuchen. Alle Pässe gibt es vorab bei *visitbritainshop.com/ deutschland.*

GELD & KREDITKARTEN

Die Währungseinheit in England ist das Pfund Sterling (£), bestehend aus 100 Pence (p). Es gibt Scheine zu 5, 10, 20 und 50 Pfund sowie Münzen zu 1, 2, 5, 10, 20, 50 Pence sowie zu 1 und 2 Pfund. Nicht nur die Bank of England gibt Banknoten aus, sondern auch mehrere Banken in Schottland und Nordirland. Die meisten Geschäfte akzeptieren auch diese.

Achtung: Nach und nach werden die englischen Banknoten erneuert. Bereits jetzt sind die neuen 5-, 10- und 20-Pfund-Noten in Umlauf; die alten sind nicht mehr gültig und können nur noch in Banken eingetauscht werden. Gleiches gilt für die 1-Pfund-Münze, die 2017 die bisherige ersetzt hat.

EC-, Kreditkarten und Onlinebezahldienste wie ApplePay werden fast überall in England akzeptiert, Geldautomaten gibt es in jedem noch so kleinen Dorf, dann oft in Lebensmittelläden. Kunden der Deutschen Bank können an allen Barclays-Automaten gebührenfrei Pfund abheben, Gleiches bieten mehrere Onlinebanken für alle Visa-Geldautomaten an. Kontaktlose Kreditkarten funktionieren selbst in der Londoner U-Bahn. Größere Filialen von *Marks & Spencer* haben Wechselstuben, die keine Gebühren verlangen.

INTERNETZUGANG

WLAN (WiFi) ist fast überall kostenlos – Hotspots findest du in Hotels, Restaurants, Coffeeshops, sogar in Supermärkten und Einkaufszentren. Viele sind Teil des landesweit größten WLAN-Netzwerks *The Cloud (skywifi.cloud).*

MASSE & GEWICHTE

Bis auf Meile und Pint sind die spezifisch englischen Maße offiziell abgeschafft worden. Im Sprachgebrauch halten sie sich aber noch.

1 inch = 2,54 cm
1 foot = 12 inches = 30,48 cm
1 yard = 3 feet = 91,4 cm
1 gallon = 4,56 l
1 mile = 1,61 km
1 pint = 0,57 l
1 ounce = 28,35 g
1 pound = 16 ounces = 453,6 g

ÖFFNUNGSZEITEN

Die Geschäfte sind gewöhnlich Mo–Sa 9.30–17.30 Uhr geöffnet, in den Haupteinkaufsstraßen sowie Einkaufszentren oft bis 20 Uhr oder später und So ab ca. 11 Uhr. Manche Großsupermärkte öffnen wochentags rund um die Uhr, sonntags fünf Stunden.

POST

Postämter, sofern sie nicht in Schreibwaren- oder Lebensmittelläden integriert sind, haben Mo–Sa 9–17.30 Uhr geöffnet. Für Postkarten/ Briefe bis 20 g nach Europa brauchst du eine *European Stamp.*

TELEFON & HANDY

Handys *(mobile phones)* funktionieren fast überall. Führende Mobilfunknetze sind Vodafone, Three, EE und O_2. Wer länger vor Ort ist und sein Smartphone für Daten nutzen will, ist mit einer britischen Prepaid-SIM-Karte gut beraten *(pay as you go)* – günstig u. a. bei Virgin Mobile oder der Supermarktkette Tesco.

Internationale Auskunft: 118505, nationale Auskunft: 118500, bei Schwierigkeiten hilft der Operator: 100. Vorwahl nach Deutschland: 0049, Österreich: 0043, Schweiz: 0041. Vorwahl nach England 0044.

WAS KOSTET WIE VIEL?

Tee	ca. 3,50 Euro *für ein Kännchen*
Busfahrt	2,50 Euro *für eine Stadtfahrt*
Bier	4,50 Euro *für ein Pint*
Eintritt	15 Euro *für ein Ticket für ein Schloss*
Benzin	ca. 1,70 Euro *für einen Liter Super*
Fish & Chips	8 Euro *für eine Portion*

TRINKGELD

Generell wie in Deutschland und vielen Ländern nach Belieben ca. 10 Prozent. In Touristenhochburgen wie London schlagen Restaurants mitunter selbst eine sogenannte *service charge* zwischen 10 und 15 Prozent auf den Rechnungsbetrag auf. In Pubs wird kein Trinkgeld gegeben,

wenn man sich (wie üblich) sein Getränk selbst am Tresen holt und dort bezahlt.

UNTERKUNFT

Bed & Breakfast: Im Tourist Information Centre vor Ort zu buchen oder über *visitbritain.de, theaa.com* (Travel). *Ferienwohnungen:* große Auswahl an herrlich gelegenen Häusern *(z. B. über Hoseasons | Tel. 01502 502588 | hoseasons.co.uk).* Der *National Trust (PO Box 536 | Melksham | Wiltshire | SN128 SX | Tel. 0344 3 35 12 87 | nationaltrustcottages.co.uk)* vermietet historische Häuser, der *Landmark Trust (Shottesbrooke | Maidenhead | Berkshire | SL63SW | Tel. 01628 82 59 25 | landmarktrust.org.uk)* denkmalgeschützte Häuser, ebenso *English Heritage (Tel. 0370 3 33 11 87 | english-heritage.org.uk).*

Wohnen im Schloss bietet *Hideaways (Tel. 01747 82 81 70 | hideaways.co. uk).* Ein Zusammenschluss kleiner Pub-Lodges nennt sich *Old English Inns (oldenglishinns.co.uk).*

Jugendherbergen (Youth Hostels; YHA | Trevelyan House | Matlock | Derbyshire | DE43YH | Tel. 01629 59 27 00 | yha.org.uk) beherbergen Gäste jeden Alters. Auch die Universitäten vermieten während der Semesterferien Zimmer: *universityrooms. co.uk.* Ungewöhnlich, aber möglich: in einer Kirche übernachten. Auf *Champing (champing.co.uk)* findest du rund 30 Kirchen, die von April bis Sept. mehr oder weniger komfortablen Unterschlupf bieten. Hotels werden immer günsti-

INSIDER-TIPP
Gesegnete Nachtruhe

ger und besser, vor allem Billiganbieter: Ketten wie *Travelodge (travelodge.co.uk), Premier Inn (premierinn.co.uk)* und *Motel One (motelone.com)* sind meist einfach, aber sauber und günstig.

NOTFÄLLE

DIPLOMATISCHE VERTRETUNGEN

BOTSCHAFT DER BUNDES-REPUBLIK DEUTSCHLAND
23 Belgrave Square | London SW1 | Tel. 020 78 24 13 00 | london.diplo.de

BOTSCHAFT DER REPUBLIK ÖSTERREICH
18 Belgrave Mews West | London SW1 | Tel. 020 73 44 32 50

SCHWEIZER BOTSCHAFT
16 Montagu Place | London W1 | Tel. 020 76 16 00 00

GESUNDHEIT
Der National Health Service (NHS) ist das staatliche Gesundheitssystem mit Praxen und Krankenhäusern. EU-Bürger sollen trotz Brexits vorerst Standardbehandlungen mit ihrer Ehic-Karte kostenlos erhalten – allerdings empfiehlt sich für aufwendigere Diagnosen eine Auslandsreisekrankenversicherung. Die Apotheken *(pharmacy),* meist innerhalb von Drogerien, haben während der üblichen Geschäftszeiten geöffnet. Standardmedikamente wie Schmerzmittel gibt es auch in Supermärkten.

NOTRUF
Polizei, Feuerwehr und Ambulanz: 999 und 112.

WETTER IN LONDON

Hauptsaison
Nebensaison

	JAN.	FEB.	MÄRZ	APRIL	MAI	JUNI	JULI	AUG.	SEPT.	OKT.	NOV.	DEZ.
Tagestemperaturen	6°	7°	10°	13°	17°	20°	22°	21°	19°	14°	10°	7°
Nachttemperaturen	2°	2°	3°	5°	8°	11°	13°	13°	11°	8°	5°	3°
☀	2	2	4	6	7	7	7	6	5	3	2	1
☂	11	9	8	8	8	8	9	9	9	9	10	9

☀ Sonnenschein Stunden/Tag   ☂ Niederschlag Tage/Monat

SPICKZETTEL
ENGLISCH

SMALLTALK

ja/nein/vielleicht	yes/no/maybe	jäs/nəu/mäibi
bitte/danke	please/thank you	plihs/θänkju
Wie bitte?	Pardon?	'pahdn?
Gute(n) Morgen!/Tag!/Abend!/Nacht!	Good morning!/afternoon!/evening!/night!	gud 'mohning/aftə'nuhn/ihwning/nait
Hallo!/Auf Wiedersehen!	Hello!/Goodbye!	hə'ləu/gud'bai
Ich heiße …	My name is …	mai näim is …
Wie heißt du?/Wie heißen Sie?	What's your name?	wots jur näim?
Ich komme aus …	I'm from …	aim from …
Entschuldigen Sie!	Excuse me!	iks'kjuhs mi
Das gefällt mir (nicht).	I (don't) like this.	ai (dəunt) laik Dis
Ich möchte …	I would like to …	ai wudd 'laik tə …

ZEIGEBILDER

ESSEN & TRINKEN

Die Speisekarte, bitte.	The menu, please.	Də 'mänjuh plihs
Könnte ich bitte … haben?	May I have …, please?	mäi ai häw …, plihs?
Messer/Gabel/Löffel	knife/fork/spoon	naif/fohrk/spuhn
Salz/Pfeffer/Zucker	salt/pepper/sugar	sohlt/'päppə/'schuggə
Essig/Öl	vinegar/oil	'viniga/oil
Milch/Sahne/Zitrone	milk/cream/lemon	milk/krihm/'lämən
mit/ohne Eis/Kohlensäure	with/without ice/gas	wiD/wiD'aut ais/gäs
Vegetarier(in)/Allergie	vegetarian/allergy	wätschə'täriən/'ällədschi
Ich möchte zahlen, bitte.	May I have the bill, please?	mäi ai häw De bill plihs
Rechnung/Quittung	bill/receipt	bill/ri'ssiht
bar/ec-Karte/Kreditkarte	cash/ATM card/credit card	käsch/äi ti äm kahrd/krädit kahrd

NÜTZLICHES

Wo ist …?/Wo sind …?	Where is …?/Where are …?	'weə is…?'weə ahr …?
Wie viel Uhr ist es?	What time is it?	wot 'taim is it?
heute/morgen/gestern	today/tomorrow/yesterday	tə'däi/tə'morəu/'jästədäi
Wie viel kostet …?	How much is …?	'hau matsch is …
Wo finde ich einen Internetzugang/WLAN?	Where can I find internet access/Wifi?	'weə känn ai faind 'internet 'äkzäss/waifai?
Hilfe!/Achtung!/Vorsicht!	Help!/Attention!/Caution!	hälp/ə'tänschən/'koschən
Apotheke/Drogerie	pharmacy/chemist	'farməssi/kemist
Fieber/Schmerzen	fever/pain	fihvə/peyn
kaputt/funktioniert nicht	broken/doesn't work	'brəukən/'dasənd wörk
Panne/Werkstatt	breakdown/garage	'bräikdaun/'gärasch
Fahrplan/Fahrschein	schedule/ticket	'skädjuhl/'tikət
0/1/2/3/4/5/6/7/8/9/10/100/1000	zero/one/two/three/four/five/six/seven/eight/nine/ten/(one) hundred/(one) thousand	'sirou/wan/tuh/θri/fohr/faiw/siks/'säwən/äit/nain/tän/('wan) 'handrəd/('wan) θausənd

URLAUBS FEELING

ZUM EINSTIMMEN & AUSKLINGEN

LESESTOFF & FILMFUTTER

📖 IT'S TEATIME, MY DEAR

Vor 30 Jahren beleuchtete der amerikanische Journalist Bill Bryson mit „Reif für die Insel" das Leben in seiner Wahlheimat. Für den Nachfolger ist er noch einmal zu einer Tour aufgebrochen, um die Skurrilitäten Englands aufzuspüren. Unterhaltsam, kurzweilig. (2017)

📖 MISTER FRANKS FABELHAFTES TALENT FÜR HARMONIE

Rachel Joyce wunderbarer Roman führt ins London der Independentszene, in den Plattenladen von Mister Frank. Dessen Geschäft basiert darauf, dass er spüren kann, welche Musik seine Kunden glücklich macht. Bis eine Frau aus Deutschland ihn verwirrt (2017).

🎥 DOWNTON ABBEY

Die Fernsehserie (ab 2010, Spielflm 2019) ist ein Spiegelbild der britischen Geschichte. Ausgehend vom Adelssitz Downton Abbey (Highclere Castle) werden Ereignisse zwischen den Weltkriegen anhand einer Familiensaga erzählt.

🎥 THE LADY IN THE VAN

Maggie Smith brilliert im Film von Nicholas Hytner als schrullige, obdachlose Dame, die mit ihrem Van in einer noblen Straße in Camden strandet. (2015)

PLAYLIST QUERBEET

0:58

**ELECTRIC LIGHT ORCHESTRA –
BIRMINGHAM BLUES**
Popmusikklassiker über einen rast-
losen Menschen aus Birmingham

▶ **THE KINKS** – WATERLOO SUNSET
Song über ein Liebespaar in London – so melancholisch wie schön

▶ **LIGHTNING SEEDS** – THREE
LIONS
Lied zur Fußball-EM 1996 – bis
heute Hit vieler
Radiosender

▶ **RALPH MCTELL** – STREETS OF
LONDON
Eindringliche Ode eines früheren
Straßenmusikers an die Londoner

▶ **THE BEAUTIFUL SOUTH –
MANCHESTER**
Der Song macht sich über Man-
chesters regnerisches Wetter lustig

▶ **HENRY WOOD** – FANTASIA ON
BRITISH SEA SONGS
Potpourri britischer Klassik – High-
light der Last Night of the Proms

Den Soundtrack
zum Urlaub gibt's
auf **Spotify** unter
**MARCO POLO
England**

Oder Code mit Spotify-App scannen

AB INS NETZ

THE ENGLISH KITCHEN
Bloggerin Marie bricht eine Lanze für
englische Küche und stellt regelmäßig
leckere, schön bebilderte Rezepte ins
Netz. (theenglishkitchen.blogspot.de)

MUSEUMS
Was für Regentage: Diese Seite gibt
eine Übersicht über gut 1700 Museen
in Großbritannien, mit integrierter
Suchmaschine. (museums.co.uk)

TRAINLINE
Unverzichtbar für alle Zugreisenden in
England. Die Trainline-Gratis-App bie-

tet einen landesweiten Fahrplan sowie die Möglichkeit, bis zu zehn Minuten vor Abfahrt online Tickets zu
kaufen.

NATIONAL TRUST
Irgendwo in der Nähe gibt es immer
einen Besitz des National Trusts: Dem
englischen Denkmalschutzfonds gehören Schlösser, Wälder, ganze Dörfer
und sogar Pubs. Diese Seite (gibt es
auch als App) zeigt alles an, das du dir
in der Nähe deines jeweiligen Aufent-
haltsorts ansehen kannst. (national
trust.org.uk)

A TRIBUTE TO M...

TRAVEL PURSUIT

DAS MARCO POLO URLAUBSQUIZ

Weißt du, wie England tickt? Teste hier dein Wissen über die kleinen Geheimnisse und Eigenheiten von Land und Leuten. Die Lösungen findest du in der Fußzeile. Und ganz ausführlich auf den S. 20–25.

❶ Worüber stimmten die Briten am 23. Juni 2016 in einem Referendum ab?
a) Über einen neuen Premierminister
b) Über den Austritt aus der Europäischen Union
c) Über die Schließzeiten der Pubs

❷ Worüber reden Engländer als Erstes, sofern man dem Schriftsteller Samuel Johnson glauben darf?
a) Fußball
b) Wetter
c) Fernsehprogramm

❸ Ein Pint beinhaltet
a) 0,25 Liter
b) 0,33 Liter
c) 0,568 Liter

❹ Wo wurden die Grundregeln des modernen Fußballspiels erfunden?
a) England
b) Schottland
c) Wales

❺ Was gehört neben England, Schottland und Wales noch zum Vereinigten Königreich?
a) Hongkong
b) Irland
c) Nordirland

❻ Aus welchem Jahr stammt die Magna Charta?
a) 1215
b) 1315
c) 1415

Das Denkmal für die Magna Charta in Runnymede. Wann wurde sie unterschrieben?

❼ Was ist in England bis heute offiziell verboten?
a) Den Fünf-Uhr-Tee um 16 Uhr einzunehmen
b) Im Pub betrunken zu sein
c) Französisch zu sprechen

❽ Im Vergleich zwischen diesen drei zur Auswahl stehenden Städten regnet es innerhalb eines Jahres am meisten in …
a) London
b) Mailand
c) Dubai

❾ Wie heißt alljährlich die letzte Veranstaltung der bekanntesten Konzertreihe Londons in der Royal Albert Hall?
a) Last Night of the Proms
b) Last Night of the Queen
c) Last Night of the Year

❿ Wer regiert de facto in England?
a) die Königin
b) der Premierminister
c) der Speaker des Unterhauses

⓫ Wann fiel in England die 23-Uhr-Sperrstunde für Pubs?
a) 1995
b) 2005
c) 2015

⓬ Das Lenkrad in englischen Autos ist rechts – an welcher Stelle aber befindet sich das Gaspedal in der Reihe der Pedale?
a) links
b) in der Mitte
c) rechts

REGISTER

146

LOB ODER KRITIK? WIR FREUEN UNS AUF DEINE NACHRICHT!

Trotz gründlicher Recherche schleichen sich manchmal Fehler ein. Wir hoffen, du hast Verständnis, dass der Verlag dafür keine Haftung übernehmen kann.

**MARCO POLO Redaktion • MAIRDUMONT • Postfach 31 51
73751 Ostfildern • info@marcopolo.de**

Impressum
Titelbild: Cotswolds, Broadway Tower (AWL Images: W. Gray)
Fotos: huber-images: J. Banks (16/17), R. Birkby (2/3, 123), M. Bortoli (14/15), D. Devaux (37), O. Fantuz (40/41), H.-P. Huber (98/99), Mackie (84/85), A. Piai (33), M. Rellini (8/9, 105, 131), A. Saffo (10), R. Schmid (26/27), C. Warren (97, 132/133), S. Wasek (76); iStock: G. Clerk (Klappe innen), T. Faull (110), C. Hepburn (45), V. Huang (29), NXiao (Klappe außen), L. Valder (103); iStock/fotoVoyager (34/35, 115); iStock/jonpic (51); iStock/Maisna (116); Laif/Loop Images: J. Gibbs (142/143); Laif/Polaris: P. Maclaine (24); Look/robertharding (64); mauritius images: N. MacAllister (13), S. Vidler (48, 75, 79, 95, 108); mauritius images/age (56, 59, 61); mauritius images/Alamy: P. Andersen (126), I. Dagnall (52, 80, 82), D. Davies (63), eye35 (11), K. Foy (32), B. Harwood (70), M. Juno (128), robertharding (119), P. Tavener (72), travellinglight (89), M. Williams (106); mauritius images/Chromorange (21); mauritius images/Clearview/Alamy (12); Mauritius images/Hemis.fr: R. Mattes (6/7); mauritius images/Image Source (28); mauritius images/imagebroker: L. McKie (92), XYZ pictures (90); mauritius images/John Warburton: S. Vidler (66/67); mauritius images/Loop Images: A. Stowe (55); mauritius images/robertharding (113); M. Pohl (147); Shutterstock: G. Basnett (46), Y. M. Low (120), G. Perkin (144/145), A. Veasey (30), L. Yatsyuk (135); Shutterstock/N_FUJITA (22)

15. Auflage 2022, komplett überarbeitet und neu gestaltet
© MAIRDUMONT GmbH & Co. KG, Ostfildern
Autoren: Michael Pohl, Kathrin Singer
Redaktion: Christina Sothmann
Bildredaktion: Stefanie Wiese
Kartografie: © MAIRDUMONT, Ostfildern (S. 38–39, 122, 125, 127, 130–131, Umschlag außen, Faltkarte); © MAIRDUMONT, Ostfildern, unter Verwendung von Kartendaten von OpenStreetMap, Lizenz CC-BY-SA 2.0 (S. 42–43, 68–69, 86–87, 100–101)
Als touristischer Verlag stellen wir bei den Karten nur den De-facto-Stand dar. Dieser kann von der völkerrechtlichen Lage abweichen und ist völlig wertungsfrei.
Gestaltung Cover, Umschlag und Faltkartencover: bilekjaeger_Kreativagentur mit Zukunftswerkstatt, Stuttgart; Gestaltung Innenlayout:
Langenstein Communication GmbH, Ludwigsburg
Spickzettel: in Zusammenarbeit mit PONS GmbH, Stuttgart
Texte hintere Umschlagklappe: Lucia Rojas
Konzept Coverlines: Jutta Metzler, bessere-texte.de

Printed in Poland

MIX
Paper | Supporting
responsible forestry
FSC® C018236

MARCO POLO AUTOR
MICHAEL POHL

Es sind diese kleinen, schrulligen Plätze, die es Michael Pohl angetan haben. Als der Journalist und Autor vor Jahren in Bristol eine Art zweiter Heimat fand, zog es ihn deswegen immer wieder raus aus der Stadt, rein in das England der Engländer. Noch heute kommt er immer wieder – zum Wandern in den Lake District, zum Einkaufen in eher unbekannte Ecken Londons oder zum Chillen nach Cornwall und auf die Isle of Wight.

BLOSS NICHT!

FETTNÄPFCHEN UND REINFÄLLE VERMEIDEN

FALSCH PARKEN

Parken ist in England im Sommer eine nervenaufreibende Angelegenheit. Vor allem die hübschen Orte in Cornwall, im New Forest und im Lake District sind ziemlich überlastet. Falschparker werden fast 100-prozentig geschnappt, empfindlich zur Kasse gebeten und nicht selten abgeschleppt. Viele Parkplätze erfassen dein Kennzeichen per Kamera automatisch.

EMPFINDLICH SEIN

Briten machen gern ihre Witze über die Deutschen und den 2. Weltkrieg. Vor allem wenn Deutschland gegen England Fußball spielt, sind die Boulevardblätter voll mit derben Vergleichen. Meist ist es nicht so ernst gemeint. Läster aber im Gegenzug nicht über die Briten – das tun sie zwar selbst ebenfalls gern, mögen das aber nicht bei anderen.

DEN BESSERWISSER HERAUSKEHREN

Engländer können es überhaupt nicht leiden, wenn sie den Eindruck haben, belehrt zu werden. Sich mit (auch gut gemeinten) Ratschlägen zurückzuhalten ist daher unbedingt zu empfehlen.

LOSPLATZEN

Die beiden Wörtchen *Excuse me* sollten unbedingt jeder Frage oder Bitte um Auskunft vorangestellt werden, ob im Laden, in der Bahn, im Pub oder in der Bank. *Hello* oder *Mister* ist bei den Briten absolut verpönt.

VORDRÄNGELN

Anstellen ist eine englische Leidenschaft. An den Bushaltestellen wird das am deutlichsten. Also nicht geradewegs zur Bustür stürzen, sondern erst einmal umschauen und sehen, ob sich nicht vor dem Bus bereits eine Warteschlange formiert hat. Auch in Restaurants sollte man schauen, ob ein Schild *Please wait to be seated* aufgestellt ist. Dann wartet man, bis einem der Tisch zugewiesen wird.